Splinters from the Fire

Éclats d'un Feu

SPLINTERS FROM THE FIRE

Bushman stories collected and edited by
CORAL FOURIE

Portico and French translation by
ÉDOUARD J. MAUNICK

Illustrated by Bushman artists:
Kgoro/whaa, Mo/ussi, Dju-o-ghai,
//Au-a-ghai and //Waa-ká

ÉCLATS D'UN FEU

Récits boschimans réunis sous la direction de
CORAL FOURIE

Portique et version française de
ÉDOUARD J. MAUNICK

Illustrations des artistes boschimans:
Kgoro/whaa, Mo/ussi, Dju-o-ghai,
//Au-a-ghai et //Waa-ká

Protea Book House
Pretoria
2000

Splinters from the Fire
Éclats d'un Feu

PROTEA BOOK HOUSE
PO Box 35110,
Menlopark 0102
protea@intekom.co.za

© Coral Fourie & Édouard Maunick
Final editing: Prof. Norman Strike
Design: HOND BK
Reproduction: Dusk Dimensions
Printed: ABC Press

First edition, first print, 2000

ISBN 1-919825-10-X

© All rights reserved.
No reproduction in any form
is allowed without the written
permission of the publishers.

This publication is a project of the Alliance Française de Pretoria, which, together with other Alliances Françaises of Southern Africa, contributed to its funding.

Cette publication est un projet de l'Alliance Française de Pretoria, qui, avec d'autres Alliances Françaises d'Afrique australe, a contribué à son financement.

Alliance Française

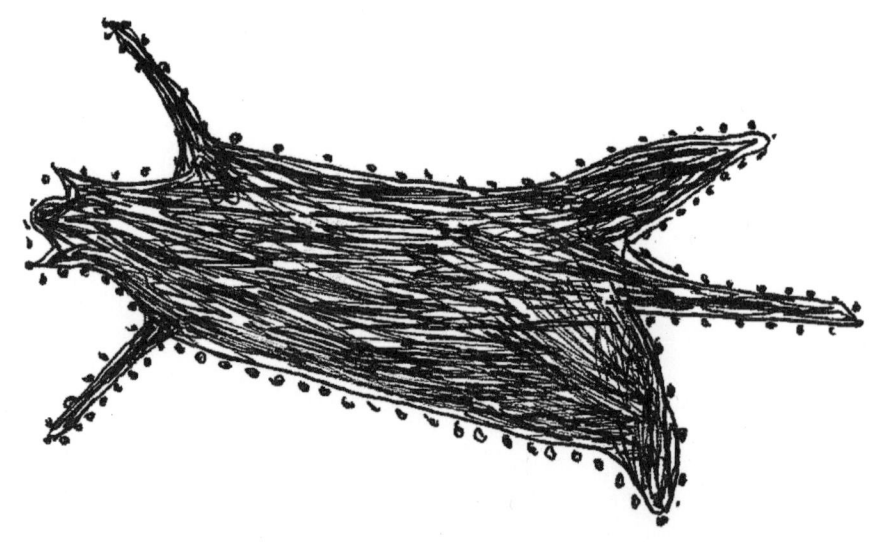

Take a splinter
from the fire
  let it light
  your way.
Then
follow your song

        — A Bushman song

        Saisis un éclat
        de feu
          qu'il éclaire
          ton chemin
        Puis
        suis ta chanson

                — Chant Boschiman

LIFE

Life begins
the journey
of the soul
to
the land
of the setting sun
where
Life starts
— Korakoradu

LA VIE

La vie entreprend
le voyage
de l'âme
Jusqu'au
pays
du soleil couchant
où
commence la Vie.
— Korakoradu

A PRAYER

Parabhize, your foot
has crossed our land.
Rain has vanished.
We starve.
We perish.
Send us rain.
Drag your foot
across the plain –
the plants to shoot
and bear
to give us life again.
— Bushmen's Rain Dance

PRIÈRE

Parabhize, ton pas
foule notre terre.
La pluie a disparu.
Nous mourrons de faim.
Nous périssons.
Envoie-nous la pluie.
Ôte ton pas
Sur la plaine
Dessus les plantes
Pour qu'elles bourgeonnent
Et produisent
Pour qu'à nouveau la vie renaisse.
— Danse de la Pluie des Boschimans

A CHILD

A river is a thing
of joy and pleasure
Where
does it go?
Where
does it come from?
We do not know.
A child is a river.
—Mantag

UN ENFANT

Une rivière est
Une joie et un plaisir.
Où
Va-t-elle?
D'où
Vient-elle?
Personne ne le sait.
Un enfant est une rivière.
—Mantag

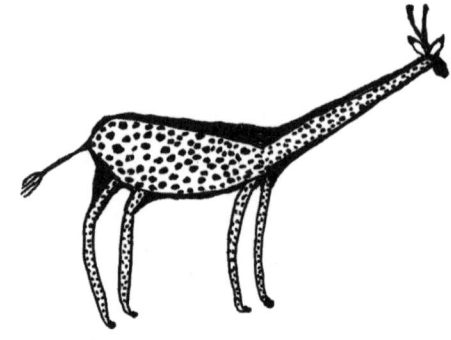

CONTENTS

page	10	Portico
page	14	Glossary
page	17	The origin of the Bushmen.
page	19	Breach of peace.
page	21	≠Wai finds a wife.
page	23	Why hares walk at night.
page	25	Two clever children.
page	27	How Gemsbok got his long horns.
page	29	Old man Tsauke who would not weep.
page	31	Ostrich and /Augha-≠Aku, the Bushman.
page	33	The vultures and their sister.
page	35	A feather became an ostrich.
page	37	Why Bushmen do not kill lions.
page	39	The barren lioness.
page	41	The story of honey.
page	43	Clear-headed Hare.
page	45	Moon and Hare's argument.
page	47	Rain.
page	49	Bhize's quagga.
page	51	Plains and forests.
page	53	A story of the sun.
page	55	Ostrich and Tortoise's race.
page	57	Song of the world.

TABLE DES MATIÈRES

page	12	Portique
page	14	Glossaire
page	17	L'origine des Boschimans.
page	19	La paix rompue.
page	21	≠Wai se trouve une femme.
page	23	Pourquoi les lièvres errent la nuit.
page	25	Deux enfants futés.
page	27	Ainsi poussèrent les longues cornes de Gemsbok.
page	29	Tsauke le vieillard qui n'arrivait plus à pleurer.
page	31	L'Autruche et /Augha-≠Aku, le Boschiman.
page	33	Les vautours et leur soeur.
page	35	Où une seule plume devint toute une autruche.
page	37	Les Boschimans ne tuent pas de lions.
page	39	La Lionne stérile.
page	41	L'histoire du miel.
page	43	La perspicacité du Lièvre.
page	45	Dispute entre Lune et Lièvre.
page	47	Quand vient la pluie.
page	49	Les quaggas de Bhize.
page	51	Les plaines et les forêts.
page	53	Une histoire du soleil.
page	55	La course entre Autruche et Tortue.
page	57	Le chant du monde.

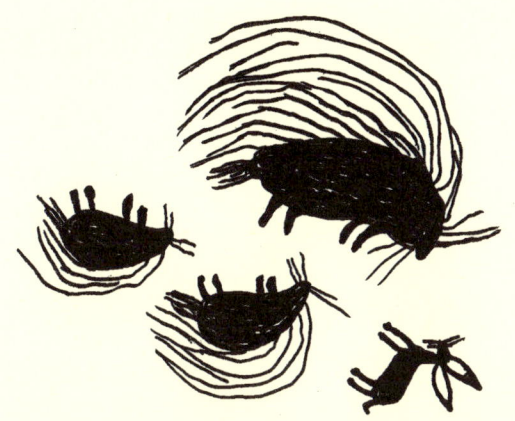

PORTICO

Grandmama, please, grandmama
Tell me stories,
In my chest there're drums, their boom
is so loud and my ribs shake
(…) Grandmama, please, Grandmama …
— MONGANE WALLY SEROTE

Allow me to confess from the very start, that I have neither the intention nor means to write knowledgeably about the Bushmen. Instead, my task will be to convey to you some of the strange yet fertile feelings that I have felt since hearing Coral Fourie's intimate account of these people. Her Parys home is adorned with her own paintings, which now bear the imprint of the San phenomenon. It is a blissful change when one realises how deliberate the artist's shift was from her former style to answer the call of the Kalahari. Claude Saint Paul, the Director of Pretoria's Alliance Française, and Nicol Stassen of Protea Book House gave me the opportunity to translate the first collection of Bushman myths into French. These legends and fables were edited and illustrated by Coral Fourie herself, admirably entitled *Living Legends of a Dying Culture*, to which she has currently added *Splinters from the Fire*. The result is twenty other stories illustrated by Bushman artists, namely Kgoro/whaa, Mo/ussi, Dju-o-ghai and //Waa-ká.

There is one word that has always made me uncomfortable, because in my mind what it roughly conveys is neither stable nor final. This may be because it is a relatively new figure of speech (1828) when compared to ancient words with definitions which are clear and well established. The word I am referring to is **civilisation**, which refers to both "the whole of the features common to the most **advanced** societies" and "the whole of **human** acquisitions" (Le Robert). I purposely underline **advanced** and **human** in order to fully emphasise the restricted Hellenic Western nature of the one, and the more instinctive, natural and universal contents of the other. Far be it from me to play the role of vocabulist, to nit-pick, but my doubt persists. On the other hand, the word **culture** (1509) is far more unambiguous as to what it means and implies. All of this is to say that, in my opinion, one must be extremely cautious while quoting (as on numerous occasions) the famous French poet Paul Valéry – whom I otherwise respect – saying, "civilisations are mortal". By doing this we run the risk of being trapped by generalisations or, even worse, globalisation. Globalisation is a standard and fashionable word today but, alas, largely compromising.

In fact, to admit to the mortal nature of civilisations is also to admit the vanishing, with time, of culture and, more precisely, cultures. Together with this, history, the three-headed essential where the remotest past, the most immediate present and the most assumed future often overlap. This vanishing is something I can't accept, all the more because I am a mestizo. In the end, who of us is not? This world being our only home and related or shared cultures persisting within me as in millions of other humans. As in all of us.

So, history. More precisely in this case, African history. There is a miraculous quality about it, as it has been transmitted mostly through oral rather than written tradition. One must not fail to refer to the eight volumes of the *General History of Africa*, written by Africans under the authority of a Scientific Committee composed of competent specialists from all around the Continent, along with the occasional collaboration with colleagues of equal prestige from other countries. The result is a unique and gigantic work edited by Unesco in English and French (its two working languages). The French version being published by Jeune Afrique (vols. V, VI & VIII), and the English version by Heinemann, California University Press and Unesco.

Why all these details? In order to emphasise Africa's contribution to the universe through its history. And, it must be said repeatedly, through its culture – indeed, its cultures. A collective memory at first unwritten but transmitted from mouth to ear. Tierno Bokar Salif, the wise man from Bandiagara (Mali), Grand Master of the Muslim Order of Tijaniyya and a traditionalist in African matters said the following about writing: "Writing is one thing and knowledge is another thing. Writing is the photograph of the knowledge but it is not knowledge itself. Knowledge is a light that is in man. It is the heritage of all that our ancestors have known, and it is in the germ they transmit to us, just as the baobab tree is potentially in its seed." These words point to the importance of the Bushman history and millennial culture, for one must remember that the black pigments of the Namibian "rock paintings" are 26 000 years old. Bushman artists such as Kgoro/whaa, Mo/ussi, Dju-o-ghai, //Au-a-ghai and //Waa-ká along with many others, create directly from and in their tradition. This is a fact that strongly speaks in favour of the survival of this particular art, so that nothing will be cut off from the world heritage.

On the other side, the San are particularly indulgent towards children. The stories told on the rocks of the desert are a testament to the importance they see in the fables and legends relevant to the marvelous imagination of a child. This also means that every Bushman child is a custodian of his own culture, ignoring pedigree. Pedigree, yet another barbaric term in vogue among all types of measurers. Incidentally, this is exactly how ridiculous ideas are born which are altogether destructive. Ideas of ethnic superiority, of blue blood, of untouchability, of pure race and apartheid, etc., which make humanity so distressingly late.

We are in Africa, the country of Timbuktu, where the book trade dates from the middle of the 16th century. During this fantastic period empires arose such as Ghana, Mali, Songhaï, Manikongo and Egypt, to name a few. We are now in 3rd Millennium Africa. Much has changed from the imperial periods to the present, with its constant hope for a renaissance of the continent. History follows history, often in grievous conditions. Slave trade and colonisation have left a deep mark on millions of people. Certain independences have been won through blood and fire and, in many places, appalling conflicts erupt which never seem to cease. The result is extreme poverty, disease, starvation and death.

Referring, however, to the unwritten yet nevertheless celebrated part of everlasting African history, and quoting Shakespeare's Macbeth: "There is no night so long that never finds the day." To think that the irreparable does not exist is always permissible. It does not at all entail that we should feel self-satisfied. But we must remain relentlessly on the alert. All the elements necessary to build destiny have a precise part to play. Of these, above all, memory.

A watchful memory. A safeguarded memory. If it fails, entire peoples as well as individuals wither because they too easily forget to harbour and cultivate values which, should they vanish, would prove fatal. The same can be said about a culture which is an integral part of any society, however small it may be. It is not the quantity that counts but rather the fervour. The Bushmen, though a small community, are also an essential fraction of Africa's soul. The absence or the death of the Bushman would mean risking imbalance. He comes from deepest African and universal history. Read the stories, the legends and the fables contained in this volume and you will learn much which will quicken and enrich your being. Here is the simple happiness that comes with harmony between the living and the non-living. Between day and night. Between sun and moon. To sell off the least part of this heritage is tantamount to reducing the world in which we live: our one and only real kingdom. It is closing one's door to oneself and tampering with our accounts with the future.

Gert Chesi writes in his highly-rated book, *The Last Africans*: "When an African takes his sculptor's knife, he does so to please the gods, to protect himself from the spirits and the demons or else to give a new body to the wandering soul of an ancestor. Art for art's sake does not exist, all is linked to traditions." And I translate: when a Bushman storyteller or artist narrates or carves in wood or stone, he is only rescuing his words and signs from oblivion. Each time he is given enough to perpetuate his traditions. I shall conclude by saying what I have so often repeated on similar occasions, and for a good reason, i.e. the words of the French poet Patrice de La Tour du Pin, "All the countries where legends shall be no more are condemned to die of cold." May Bushmen myths, legends and fables live and perpetuate!

ÉDOUARD J. MAUNICK
Pretoria, August-September 1999.

PORTIQUE

Grand-mère, je t'en prie, grand-mère
Raconte-moi des histoires,
En moi il y a des tambours, leur bruit
est si fort et mes côtes tremblent
(…) Grand-mère, je t'en prie …
— Mongane Wally Serote

Que je vous le dise tout de suite: je n'ai ni l'intention ni la possibilité d'écrire ici des pages savantes sur les Boschimans. Ma tâche et mon plaisir seront plutôt de vous communiquer un peu de l'étrange, mais par ailleurs tellement fécond, sentiment qui m'habite depuis que Coral Fourie m'a parlé intimement de ce peuple, dans sa maison de Parys où sont accrochées ses propres oeuvres, elles aussi empreintes du phénomène san: heureux bouleversement lorsqu'on sait combien délibérément l'artiste a changé sa démarche initiale pour répondre, à sa manière, à l'appel du Kalahari. Par la suite, Claude Saint Paul, Directeur de l'Alliance Française de Pretoria et Nicol Stassen des Éditions Protea Book House m'ont proposé de réaliser la version française du premier recueil de mythes, légendes et fables boschimans réunis et illustrés par la même Coral Fourie sous le beau titre de *Légendes vivantes d'un peuple qui se meurt*, ouvrage qu'elle a augmenté en y ajoutant *Éclats d'un feu*, vingt autres récits illustrés cette fois par les artistes boschimans Kgoro/whaa, Mo/ussi, Dju-o-ghai et //Waa-ká.

Un mot m'a toujours embarrassé parce que dans mon esprit, ce qu'il signifie grosso modo ne m'a jamais paru ni bien établi, encore moins définitif, peut-être parce qu'il introduit une notion de langage relativement récente (1828) par rapport à d'autres vocables plus anciens et dont le sens est clair et bien établi. En somme, moins ambigu. Il s'agit du mot **civilisation** qui désigne en même temps "l'ensemble des caractères communs aux vastes sociétés les plus **évoluées**" et "l'ensemble des acquisitions **humaines**" (Le Robert). Je souligne à dessein les expressions **évoluées** et **humaines** pour bien faire ressortir le caractère restrictivement hellène, occidental de l'une et celui plus instinctif, plus naturel, plus universel de l'autre. Loin de moi l'ambition de jouer au vocabuliste, au coupeur de cheveux en quatre, mais quelque part, le doute subsiste. D'un autre côté, le mot **culture** (1509) est plus complet quant au sens et à l'esprit de ce qu'il sous-entend. Tout cela pour dire qu'il faut prendre avec des pincettes le fameux constat de Paul Valéry – poète qu'autrement je respecte – selon lequel "les civilisations sont mortelles." Sinon nous tombons dans le piège de la généralisation ou, qui pis est, de la globalisation, vocable passe partout, aujourd'hui très à la mode, mais hélas! en maints endroits plus compromettant.

En effet, admettre la mortalité des civilisations, c'est du même coup avoir l'air d'admettre, avec le temps, la disparition de la culture, et plus précisément des cultures. Avec elles l'Histoire, cet essentiel tricéphale dans lequel le passé le plus lointain, le présent le plus immédiat et l'avenir le plus supputatif souvent se télescopent. Disparition: ce à quoi je me refuse, d'autant plus que je suis d'essence métisse – au juste, qui ne l'est pas, la planète Terre étant notre unique demeure – et que des cultures parentes ou partagées perdurent en moi comme en des millions d'autres. Comme en nous tous.

L'Histoire donc. Ici celle de l'Afrique plus précisément. Elle tient du miracle, ayant été, pour la plupart du temps, transmise oralement et non écrite. À ce propos, il n'est que de consulter les huit volumes de *l'Histoire générale de l'Afrique*, pour une fois rédigée par des Africains sous la haute autorité d'un Comité Scientifique composé de spécialistes compétents venus de tous les horizons du continent, avec, ici et là, la collaboration de certains de leurs collègues d'autres pays et d'égal mérite. Une oeuvre gigantesque et unique , éditée par l'UNESCO, dans ses deux principales langues de travail, l'anglais et le français, et publiée par Jeune Afrique (vols. I & II), les Nouvelles Éditions Africaines (vols. III, IV & VII), l'Unesco seule (vols. V, VI & VIII) pour le français, et Heinemann, California University Press et l'Unesco pour l'anglais.

Pourquoi ces détails? Afin de bien faire ressortir la contribution de l'Afrique à l'Universel. À travers son histoire. Donc, on ne le répétera jamais assez, sa culture. Ses Cultures. Une mémoire, en un premier lieu non-écrite mais transmise de bouche à oreille.

Tierno Bokar Salif, le sage de Bandiagara (Mali), grand maître de l'ordre musulman Tidjany, en même temps traditionaliste en matière africaine, disparu en 1944, en matière d'écriture dit: "L'écriture est une chose et le savoir en est une autre. L'écriture est la photographie du savoir, mais elle n'est pas le savoir lui-même. Le savoir est une lumière qui est en l'homme. Il est l'héritage de tout ce que les ancêtres ont pu connaître et qu'ils nous ont transmis en germe, tout comme le baobab est contenu en puissance en sa graine." J'aimerais m'arrêter ici, le temps d'y associer le peuple boschiman, son histoire et sa culture millénaire, car il faut rappeler que les pigments noirs des peintures rupestres (rock paintings) de Namibie datent de 26 000 ans, et que des artistes boschimans comme Kgoro/whaa, Mo/ussi, Dju-o-ghai, //Au-a-ghai et //Waa-ká et bien d'autres, créent en ligne directe avec et dans leur tradition. Ce qui plaide fortement en faveur de cet art particulier qui doit survivre afin de ne rien retrancher au patrimoine de l'humanité. D'autre part, comme le San est particulièrement indulgent envers l'enfance, on mesure l'importance des récits racontés sur les pierres du désert et dont la symbolique rejoint les fables et les légendes qui touchent d'abord le merveilleux de l'imagination des enfants. Ce qui équivaut également à dire que chaque enfant boschiman est porteur d'une culture, la sienne, qui ignore le pedigree. Pedigree: encore un terme barbare en vogue chez les mesureurs de tout et en tout. Soit dit en passant, c'est ainsi que naissent les notions ridicules, si elles n'étaient pas par ailleurs destructrices, de supériorité ethnique, de sang bleu, d'intouchabilité, de race pure et autre apartheid et qui mettent l'humanité en désolant retard.

Nous sommes en Afrique, le pays de Tombouctou qui a fait commerce du livre depuis le milieu du 16ème siècle, au temps fabuleux des empires du Ghana, du Mali, du Songhaï, du Manikongo et de l'Égypte entre autres. Nous sommes maintenant en Afrique du 3ème Millénaire. Bien des choses ont changé entre les périodes impériales et le temps aujourd'hui sans cesse souhaité d'une Renaissance du continent. L'histoire a succédé à l'histoire sous des traits souvent douloureux. Traite négrière et colonisation ont profondément marqué le destin de millions d'êtres; certaines Indépendances ont été marquées par le sang et le feu; et, en maints endroits, d'effroyables conflits éclatent et perdurent, entraînant misère, maladie, famine et mort. Mais, telle la part non-écrite et pourtant célébrée de l'histoire qui survit au temps lui-même, et selon le mot de Shakespeare dans 'Macbeth', où il dit: "Qu'il n'est pas de nuit si longue qui ne trouve le jour," qu'il est toujours licite de penser que l'irrémédiable n'existe pas. Il ne faut pas pour autant se conduire en spectateur béat. Mais une vigilance sans relâche est de mise. Tous les éléments devant concourir à façonner le destin ont un rôle précis à jouer. Et d'abord la mémoire …

La mémoire gardienne. La mémoire sauvegarde. Sans elle, les peuples aussi bien que les individus s'étiolent parce qu'ils oublient trop facilement d'abriter et de cultiver des valeurs dont la disparition ne pardonne pas. Ainsi de la culture qui fait partie intégrante d'une société, aussi peu nombreuse qu'elle soit. L'essentiel n'est pas dans la quantité mais dans la ferveur. Les Boschimans, bien qu'une petite communauté, sont aussi une fraction agissante de l'âme africaine. L'absence ou la mise en absence du Boschiman est un risque de déséquilibre. Il vient du fin fond de l'histoire de l'Afrique et de l'univers. Lisez les contes, les légendes, les fables consignés dans ce volume et vous apprendrez combien ils irriguent notre propre aorte. Là est le simple bonheur d'être en accord avec l'animé et l'inanimé. Avec le jour et la nuit. Avec le soleil et la lune. Solder la plus petite partie de ce patrimoine, c'est diminuer le monde dans lequel nous vivons: notre seul et unique réel royaume. C'est fermer la porte sur nous-mêmes et falsifier nos comptes avec l'avenir …

Dans son livre de très haute facture *Les derniers Africains* Gert Chesi écrit: "Lorsqu'un Africain prend le couteau du sculpteur, il le fait pour complaire aux dieux, pour se protéger des esprits ou des démons, ou bien pour procurer un nouveau corps à l'âme errante d'un ancêtre. L'art pour l'art n'existe pas, tout est lié aux traditions." Et j'interprète: lorsqu'un conteur ou un artiste boschiman raconte ou grave dans le bois ou dans la pierre, il le fait pour sauver de l'oubli la parole et les signes de son peuple et, à chaque fois, pour lui procurer de quoi perpétuer ses traditions. En terminant, je rappellerai ce que je répète souvent en de telles occasions, et pour cause, les mots du poète français Patrice de La Tour du Pin: "Tous les pays qui n'auront plus de légendes seront condamnés à mourir de froid." Que vivent et se perpétuent les mythes, les légendes et les fables boschimans!

    ÉDOUARD J. MAUNICK
Pretoria, août-septembre 1999.

GLOSSARY   GLOSSAIRE

/Ause-≠wa-djuba	Evil Being	L'Être du Mal
Bhize	Kind Being	L'Être du Bien
Gemsbok	Oryx	Oryx (antilope)
!Hutse	The Creator	Le Créateur
Kgalagadi	Tswana for Kalahari	Kalahari en tswana
Pan	Hollow place on a plain which fills with rainwater after rain	Creux dans une plaine se transformant en étang pendant les pluies
Parabhize	Super Being	L'Être Suprême
Quagga	Zebra	Zèbre
Steenbok	Small antelope	Petite antilope
Tsamma	Wild watermelon	Melon d'eau sauvage
Veld	Grassland	Prairie
Veldkos	Berries, bulbs, roots, nuts, edible insects	Baies, oignons, racines, noix, insectes comestibles
Wildebeest	Gnu	Gnou

CLICKS

/	– Voiceless dental click	Clic dental sourd
≠	– Voiceless alveo-palatal click	Clic alvéo-palatal sourd
!	– Voiceless palatal click	Clic palatal sourd
//	– Lateral click	Clic latéral

Splinters from the Fire
Éclats d'un Feu

THE ORIGIN OF THE BUSHMEN

Then, in those days, long, long ago there lived a woman who was known as ≠Um-≠um-Borose. She was our mother and she came from the sun. This old woman had a dog. Today it may be seen as a wild dog.

One day ≠Um-≠um-Borose was feeding her dog, but suddenly and unexpectedly the dog attacked her, bit her by the throat and killed her.

At that moment /Ause-≠wa-djuba happened to pass by, and he saw the scene. There were also a few ostriches close-by who saw what was happening. They got such a fright that they all flew up into the big camel thorn tree.

Looking up, /Ause-≠wa-djuba saw the ostriches perched in the tree and under their wings he could see the fire glowing. Disgusted at their behaviour, he ordered them down saying, "Why didn't you help the woman? You are such cowards and so selfish. Never again will you fly. In future you'll walk on the ground!"

Then /Ause-≠wa-djuba went to where ≠Um-≠um-Borose was lying. With his arrow he pierced her body to see if she was really dead. To his amazement a human being came out of the hole. He pierced her body again, and another human being jumped out. As he did so over and over, again and again, people came from her inside; many people came out and walked away into the forests and over the plains – all over the Kgalagadi.

≠Um-≠um-Borose remained lying there. She became the sand of the Kgalagadi. Those people who came from her inside were the first Bushmen and /Ause-≠wa-djuba said to them, "Build your shelters with wood and grass, live here with all the animals, hunt, gather, eat and live on earth."

TOLD BY MODUMO OF THE KHUA AT DIPHUDUHUDU IN THE SOUTH-EASTERN KALAHARI, IN BOTSWANA.
ILLUSTRATED BY DJU-O-GHAI.

L'ORIGINE DES BOSCHIMANS

Alors, en ce temps-là, il y a très très longtemps, vivait une femme du nom de ≠Um-≠um-Borose. Elle était notre mère et venait du soleil. Cette vieille femme avait un chien. C'était ce que l'on appellerait aujourd'hui un chien sauvage d'Afrique.

Un jour, alors que ≠Um-≠um-Borose donnait à manger à son chien, ce dernier, subitement et de manière inattendue, lui sauta à la gorge et la tua.

Il advint qu'au même moment, /Ause-≠wa-djuba passait par là et vit la scène. Il y eut également quelques autruches non loin qui virent ce qui se passait. Elles eurent si peur qu'elles s'enfuirent se cacher en haut d'un immense acacia.

En levant les yeux, /Ause-≠wa-djuba aperçut les autruches perchées dans l'arbre et sous leurs ailes, il vit le feu qui brûlait. Écoeuré de leur conduite, il leur ordonna de descendre: "Pourquoi n'avez-vous pas prêté secours à la femme? Comment pouvez-vous être si lâches et si égoïstes? Jamais plus vous ne volerez. Désormais, vous irez à même le sol!"

Puis, /Ause-≠wa-djuba retourna à l'endroit où gisait ≠Um-≠um-Borose. Avec sa flèche, il lui perça le corps pour voir si elle était bien morte. À son grand étonnement, un être humain sortit du trou laissé par la flèche. Il perça de nouveau le corps et un autre être humain en sortit. Alors qu'il répétait son geste encore et encore, d'autres êtres sortirent du corps de la vieille femme; ils furent nombreux à ainsi quitter les entrailles de la morte pour gagner la forêt et l'au-delà des plaines, partout dans le Kgalagadi.

≠Um-≠um-Borose demeura là étendue par terre. Elle devint le sable du Kgalagadi. Les êtres qui sortirent d'elle furent les premiers Boschimans, et /Ause-≠wa-djuba leur dit: "Construisez-vous des abris avec du bois et de l'herbe, vivez là avec tous les animaux, chassez, récoltez, mangez et vivez sur la terre."

RACONTÉ PAR MADUMO DU CLAN KHUA À DIPHUDUHUDU, KALAHARI DU SUD-EST, BOTSWANA.
ILLUSTRÉ PAR DJU-O-GHAI.

BREACH OF PEACE

The Bushmen of the early times did not know of one another. They lived in different villages, which were very far apart, with long distances separating them. The ostriches also lived together and made nests in the sand in which they laid many eggs.

There were very few people. There was no strife and fighting; all lived in peace.

One day a group of Bushmen went hunting. Another group of Bushmen also went out to collect food. Simultaneously they got to the homes of the ostriches and found the eggs. The ostriches were also away, collecting berries. Together the Bushmen decided to take the eggs and to divide them between the two groups.

Parabhize saw what was happening and quickly sent Snake to call the tortoises. When they arrived, Parabhize said to them, "Go to the people and tell them that they should not have taken the ostriches' children and that they must return the eggs immediately."

When the tortoises reached the people's villages, the people caught them, killed them and ate them. When the ostriches got to their home, they asked, "Where are our children? Who took our eggs?" And Parabhize told them, "It's the people, the Bushmen, who took them."

Now ostriches and wild animals are afraid of people. They run away from them. When ostriches see people approaching their nests they would kick them away. People have become scared of animals, and animals are afraid of people. They kill one another and there's no peace in Nature's world anymore, since people have moved in.

Told and illustrated by Kgoro/whaa of the Khua at Diphuduhudu in the South-Eastern Kalahari, Botswana.

LA PAIX ROMPUE

Les Boschimans du commencement ne se connaissaient pas les uns les autres. Ils vivaient dans des villages différents séparés par de longues distances. Les autruches, elles, vivaient ensemble et faisaient leurs nids dans le sable où elles pondaient beaucoup d'oeufs.

Les gens étaient peu nombreux autour. Il n'y avait ni conflit ni bagarre; tout le monde vivait en paix.

Un jour, un groupe de Boschimans partit à la chasse alors qu'un autre groupe s'en alla chercher de la nourriture. Ils parvinrent simultanément chez les autruches et trouvèrent les oeufs. De leur côté, les autruches, comme souvent, étaient parties cueillir des baies. De concert, les Boschimans décidèrent de prendre les oeufs et les partager entre eux.

Parabhize vit ce qui se passait et s'empressa d'envoyer le Serpent quérir les tortues. Une fois là, Parabhize leur dit: "Allez trouver les gens et dites-leur qu'ils n'auraient pas dû prendre les bébés autruches et qu'ils doivent sur le champ retourner les oeufs dans leurs nids."

Lorsque les tortues atteignirent les villages, le gens s'en saisirent, les tuèrent et les mangèrent. Revenues chez elles, les autruches s'enquirent où se trouvaient leurs enfants et qui avait pris leurs oeufs. Et Parabhize leur apprit que c'était l'oeuvre des Boschimans.

Désormais, les autruches et autres animaux sauvages ont peur des gens. Ils s'enfuient à leur vue. Lorsque les autruches voient les gens s'approcher de leurs nids, ils les chassent à coups de patte. Les hommes ont pris peur des animaux et les animaux craignent les hommes. Ils s'entretuent et la Nature ne connaît plus de paix depuis que l'homme s'y est installé.

Raconté et illustré par Kgoro/whaa du clan Khua à Diphuduhudu, Kalahari du sud-est, Botswana.

≠WAI FINDS A WIFE

Long, long ago there was a young man; his name was ≠Wai. Every evening he would sit all alone at his small fire, wondering why he was so lonely. One day he decided to pay Bhize a visit.

Together they sat down to consult the magic bones. Then Bhize said, "Here, take this leopard skin and go to Parabhize to help you to find a wife so you won't be so lonely anymore."

≠Wai did so. Parabhize went to the Land of Birds and there, under a tree, he saw a young girl sitting all alone. Then he took her by the hand and led her to his people, where they fed her. When she was feeling quite at home and the people had accepted her, he called ≠Wai and said, "We have found you somebody. She is hard working and she lived in the Land of Birds. She has eggs with her. When these eggs hatch you will have children. These children will be looked after and taken care of by the birds until they have grown into people."

≠Wai then took the leopard skin and wrapped it around the girl. He took her away to his own fire. The embers started glowing again. They sat by the fire and ≠Wai was not lonely anymore. Later they had many children and the birds took care of them. Every time danger was approaching the birds would start making a big noise and the danger would go away.

TOLD AND ILLUSTRATED BY KGORO/WHAA.

≠WAI SE TROUVE UNE FEMME

Très très longtemps de cela, vivait un jeune homme nommé ≠Wai. Tous les soirs, il s'asseyait solitaire au coin de son petit feu, se demandant pourquoi il était si seul. Un jour, il se décida à aller rendre visite à Bhize.

Ensemble ils s'assirent pour consulter les os magiques. Puis, Bhize dit: "Tiens, prends cette peau de léopard et va voir Parabhize afin qu'il t'aide à trouver une femme pour que tu ne sois plus seul.

≠Wai s'exécuta. Parabhize s'en alla au pays des Oiseaux et là, sous un arbre, il vit une fille assise seule. Il la prit par la main et la conduisit vers ses gens qui lui donnèrent de quoi se nourrir. Lorsqu'elle se sentit comme chez elle et que les gens l'eurent acceptée, il appela ≠Wai et dit: "Nous t'avons trouvé quelqu'un. Elle travaille dur et elle vit au pays des Oiseaux. Elle possède des oeufs. Quand ils auront éclos, vous aurez des enfants. Les oiseaux en prendront bien soin jusqu'à ce qu'ils deviennent un peuple."

≠Wai prit la peau de léopard et l'enroula autour de la fille. Il l'emporta vers son feu à lui. Les braises recommencèrent à flamber. Ils s'assirent auprès du feu et ≠Wai ne fut jamais plus seul. Plus tard ils eurent beaucoup d'enfants et les oiseaux en prirent bon soin. Chaque fois qu'un danger les menaçait, les oiseaux le chassaient en faisant un grand bruit.

RACONTÉ ET ILLUSTRÉ PAR KGORO/WHAA.

WHY HARES WALK AT NIGHT

Porcupine had many children. It was very tiring taking care of them all – and, on top of that, to gather food for them.

One day she met Hare who was passing by close to where her home was. "Please, Hare, look after my children while I go out getting food for them," she asked him. "No problem," said Hare and stayed with the little porcupines.

While Mother Porcupine was away, Hare became very hungry. He killed one of the little ones and ate it. Porcupine came back very late. It was dark so she couldn't see that one of her children was missing. The next day the same thing happened, and the next and so on. Eventually only one little porcupine was left.

"Where are my children, Hare?" asked Mother Porcupine. "You see, Hyena came by. He ate your children," replied Hare. "But you were supposed to look after them! Why didn't you chase Hyena away?" she shouted.

Then Porcupine became so angry that she scratched out Hare's eyes. In his blindness he felt his way through the veld and stumbled into Gemsbok. "Look what Porcupine did to me, Gemsbok please help me," cried Hare. "Come with me," said Gemsbok. There under a bush they found a snake. The snake's eye-sight is very good. So Gemsbok stabbed out Snake's eyes with his sharp horns and gave them to Hare.

Since then Hare's eye-sight has been exceptionally good, especially at night. That is why hares prefer to walk around at night.

Told and illustrated by Kgoro/whaa.

POURQUOI LES LIÈVRES ERRENT LA NUIT

Beaucoup de petits naquirent de la femelle du Porc-épic. Que de fatigue à bien les garder tous. Par-dessus tout, à leur trouver de la nourriture.

Un jour, elle rencontra le Lièvre qui passait non loin de sa maison. Elle lui demanda: "S'il te plaît, Lièvre, veille sur mes petits pendant que j'irai leur chercher à manger." "Pas de problème," lui dit le Lièvre et il resta auprès des petits porcs-épics.

En l'absence de mère Porc-épic, Lièvre fut pris d'une grande faim. Il tua un des petits et le mangea. Mère Porc-épic rentra fort tard. Dans l'obscurité, elle ne put se rendre compte qu'un de ses petits manquait. Le lendemain, la même chose se répéta, et le surlendemain ainsi de suite. Finalement, il ne resta plus qu'un seul petit.

"Lièvre, où sont mes petits?" demanda Mère Porc-épic. "L'Hyène, vois-tu, est passée par là, elle les a mangés," répondit Lièvre. "Mais tu étais supposé veiller sur eux. Pourquoi n'as-tu pas chassé l'Hyène?" s'écria-t-elle.

Mère Porc-épic entra dans une telle fureur qu'elle creva les yeux de Lièvre. Aveugle, il chercha son chemin à travers le veld et trébucha sur Gemsbok. "Vois ce que m'a fait Mère Porc-épic, je t'en prie, Gemsbok, aide-moi," supplia Lièvre. "Viens avec moi." dit Gemsbok. Là, sous un taillis, ils découvrirent un serpent. La vue de la bête était très bonne. Alors, Gemsbok arracha les yeux de Serpent avec ses cornes pointues et les donna à Lièvre.

Depuis lors, la vue de Lièvre est devenue exceptionnellement bonne dans le noir. C'est pourquoi il préfère se promener la nuit.

Raconté et illustré par Kgoro/whaa.

TWO CLEVER CHILDREN

Giraffe and Parabhize were great friends. They had walked and walked in the veld all day, looking for something to eat, and they were very tired. When they found the honey they were very happy. It was becoming dark, so they kindled a fire, sat down and divided the honey.

The bees, who had made the honey, were very angry because Giraffe and Parabhize took it away and went to Snake's house under the big tree by the pan near the place where Giraffe and Parabhize were sitting by the fire eating honey.

"Snake, Snake, we are very angry! If you don't help us we are going to sting out your eyes!" Snake went to where the two had just finished eating by the fire and asked Giraffe, "I see your mouths and fingers are shiny and sticky. What have you been eating which is so nice?" "No," said Giraffe, "actually we are very hungry. We have been walking all day to find food, but without success. You better go away and see if you can find anybody who can tell you where the food is, then come back and tell us too. When we find food we shall share it with you too."

There was a man who lived on the other side of the pan. Snake went to him and grabbed him. "Give me food; I'm hungry!" shouted Snake. "Wait," said the man, "If you let me go, I'll go to that woman. I know she caught a tortoise at the waterhole today, which she wants to fry for supper tonight."

This woman had two children and when the man grabbed the tortoise from her, she thought, "What am I going to give my children for supper tonight?"

The children were away in the veld. They were not home when the man took away the food from their mother. Then the wind told them that their mother was crying and they said to each other, "Let us check the snare we had set up; maybe it has caught something which we can take home." These two boys had made the rope with which they had set the snare from a plant that grew close by. As they approached, they heard a steenbok bleating and they knew that it had been caught in the snare. They ran home and from a distance they shouted, "Stop crying, Mother, stop crying!" When they arrived they saw the bees that had come to complain about Parabhize and Giraffe who had taken away their honey. They said to each other, "The bees have lost their food, Mother's food is also taken away and now we must make a plan." Then they ran back to the snare.

There, in the snare, they found the steenbok, and took it to their mother's fire. When they cut it open, much water came out; so much water came out that the flowers started to grow again. The bees were very happy for the flowers, their mother was very

SPLINTERS FROM THE FIRE

DEUX ENFANTS FUTÉS

Girafe et Parabhize étaient deux grands amis. Ils avaient marché et marché la journée durant, parcourant le veld pour trouver quelque chose à manger, et ils étaient crevés. Ils furent très heureux lorsqu'ils découvrirent le miel. Le jour tombait. Ils allumèrent un feu, et s'assirent pour partager leur butin.

Les abeilles qui avaient fait le miel étaient furieuses parce que Girafe et Parabhize l'avaient emporté chez Serpent sous un grand arbre près du pan, là où Girafe et Parabhize s'étaient assis près du feu, en train de savourer le miel. "Serpent, Serpent, nous sommes très en colère! Si tu ne nous aides pas, nous allons picorer tes yeux avec notre dard."

Serpent s'en alla trouver les deux qui avaient tout juste fini de manger près du feu et demanda: "Je vois que vos bouches et vos doigts sont luisants et collants. Qu'avez-vous donc mangé de si bon?" "Non," dit Girafe, "nous avons en fait très faim. Nous avons marché toute la journée en quête de nourriture, mais en vain. Tu ferais mieux de partir voir si tu ne trouves pas quelqu'un qui pourrait nous dire où se trouve la nourriture, et retourner ensuite nous le dire également. Lorsque nous l'aurons trouvée, nous la partagerons aussi avec toi."

Un homme vivait de l'autre côté du pan. Serpent le trouva et le saisit: "Donne-moi à manger, j'ai faim!" cria Serpent. "Attends," dit l'homme, si tu me libères, j'irai voir cette femme. Je sais qu'aujourd'hui, elle a attrapé une tortue près du trou d'eau, et qu'elle a l'intention de la frire pour son dîner."

La femme avait deux enfants, et quand l'homme lui arracha la tortue, elle pensa: "Que vais-je alors donner à mes enfants ce soir pour le souper?"

Les enfants étaient quelque part sur le veld. Ils n'étaient pas là lorsque l'homme avait arraché la tortue de leur mère. Puis, le vent leur apprit que leur mère pleurait et ils se dirent l'un à l'autre: "Vérifions le piège que nous avons tendu, il y aurait peut-être quelque chose que nous pourrions emporter à la maison." Les enfants avaient tiré d'une plante qui poussait tout près, la corde avec laquelle ils avaient installé le piège. Lorsqu'ils s'approchèrent, ils entendirent un steenbok qui bêlait, et ils surent qu'il avait été pris dans leur filet. Ils coururent à la maison en criant à haute voix: "Ne pleure plus, maman!" À leur arrivée, ils apprirent que les abeilles étaient venues se plaindre que Parabhize et Girafe avaient emporté leur miel. Ils se dirent l'un à l'autre: "Les abeilles ont perdu leur nourriture. Celle de maman a aussi été volée. Maintenant, nous devons dresser un plan!" Et ils retournèrent en courant à l'endroit du piège.

Là, dans le piège, ils trouvèrent le steenbok et le mirent au-dessus du feu que leur mère avait allumé. Lorsqu'ils ouvrirent l'animal,

ÉCLATS D'UN FEU

happy because they had meat to fry and they all ate and laughed together.

<small>TOLD AND ILLUSTRATED BY KGORO/WHAA.</small>

HOW GEMSBOK GOT HIS LONG HORNS

In the early times when all animals were people, all the animals lived where water was plentiful and the pans had water. During that time Gemsbok was a feeble looking man. He had no horns and had a pale greyish colour.

Ostrich was the one who was beautifully coloured, impressive, and who had the long horns which now belong to Gemsbok. Yes, it was like that in those times long ago.

One day Gemsbok said to Ostrich, "I can run faster than you, because those horns are far too heavy for your long thin neck and two legs to carry. Let's run a race, but I shall help you carry your horns."

Ostrich agreed and Gemsbok borrowed Ostrich's horns and they started running the race.

Gemsbok ran ahead and chose all the places which were stony to run along because his feet were hard. Ostrich's feet were soft and it hurt him to run over these rocky places, so he stopped. Gemsbok kept running on and only stopped when he was on the other side. Ostrich was furious. He picked up stones and started throwing them at Gemsbok. As Ostrich bent down to pick up more stones, Gemsbok ran away and when Ostrich looked up again, Gemsbok was gone.

After a long time, Gemsbok met Ostrich again at the pan. Ostrich wanted to take back his long horns, but Gemsbok fought so well with these horns that he had taken from Ostrich that Ostrich eventually gave up. Then Ostrich had a long thought, "Well, maybe it is better that he should keep the horns. It is true that they are much too heavy for me to carry. We can be friends. He can carry the horns. I'll stay close to him and he can protect me."

So they made peace and since then Gemsbok and Ostrich have always been together on the plains, living together in peace and harmony.

<small>TOLD BY !ABE-≠WA OF MATHLO-A-PHUDUHUDU, WESTERN KALAHARI, BOTSWANA.
ILLUSTRATED BY KGORO/WHAA.</small>

---

beaucoup d'eau en sortit. Il en coula tellement que les fleurs se remirent à pousser. Les abeilles étaient heureuses des fleurs, leur maman était heureuse parce qu'ils avaient de la viande à frire et ils mangèrent tous et se mirent ensemble à rire.

<small>RACONTÉ ET ILLUSTRÉ PAR KGORO/WHAA.</small>

AINSI POUSSÈRENT LES LONGUES CORNES DE GEMSBOK

Dans les temps anciens, lorsque tous les animaux étaient des hommes, ils vivaient tous là où il y avait beaucoup d'eau et les pans étaient remplis. Gemsbok était alors un homme d'apparence fragile. Il n'avait pas de cornes et ses cheveux étaient d'un gris pâle. Autruche était celle qui impressionnait par ses couleurs et ses longues cornes qui, maintenant, appartiennent à Gemsbok. Oui, c'était ainsi il y a longtemps de cela.

Un jour, Gemsbok dit à Autruche: "Je peux courir plus vite que toi parce que ces cornes sont trop lourdes à porter pour ton long cou et tes deux jambes. Faisons la course, mais je t'aiderai à porter tes cornes.

Autruche accepta et Gemsbok emprunta ses cornes et ils commencèrent à courir.

Les pieds de Gemsbok étant durs, il prit les devants en choisissant de courir là où c'était pierreux. Quant à Autruche, elle dut s'arrêter parce qu'elle souffrait de courir sur le sol dur avec ses pattes molles. Gemsbok continua et ne s'arrêta qu'une fois arrivé de l'autre côté. Autruche furieuse commença à lui lancer des pierres. Alors qu'elle se baissait pour ramasser d'autres pierres, Gemsbok s'enfuit et lorsqu'Autruche se releva, il avait disparu.

Longtemps après, Gemsbok et Autruche se retrouvèrent au bord du pan. Autruche voulut reprendre ses longues cornes, mais Gemsbok lutta si durement pour les conserver qu'Autruche dut abandonner. Alors elle réfléchit longuement: "Bien, peut-être est-ce mieux qu'il garde les cornes. Elles sont vraiment trop lourdes à porter. Nous resterons amis et il pourra les porter. Je resterai près de lui et il me protégera."

Les deux se réconcilièrent et, à partir de ce moment-là, Gemsbok et Autruche vécurent toujours en paix et en harmonie.

<small>RACONTÉ PAR !ABE-≠WA DE MATHLO-A-PHUDUHUDU, KALAHARI DE L'OUEST, BOTSWANA.
ILLUSTRÉ PAR KGORO/WHAA.</small>

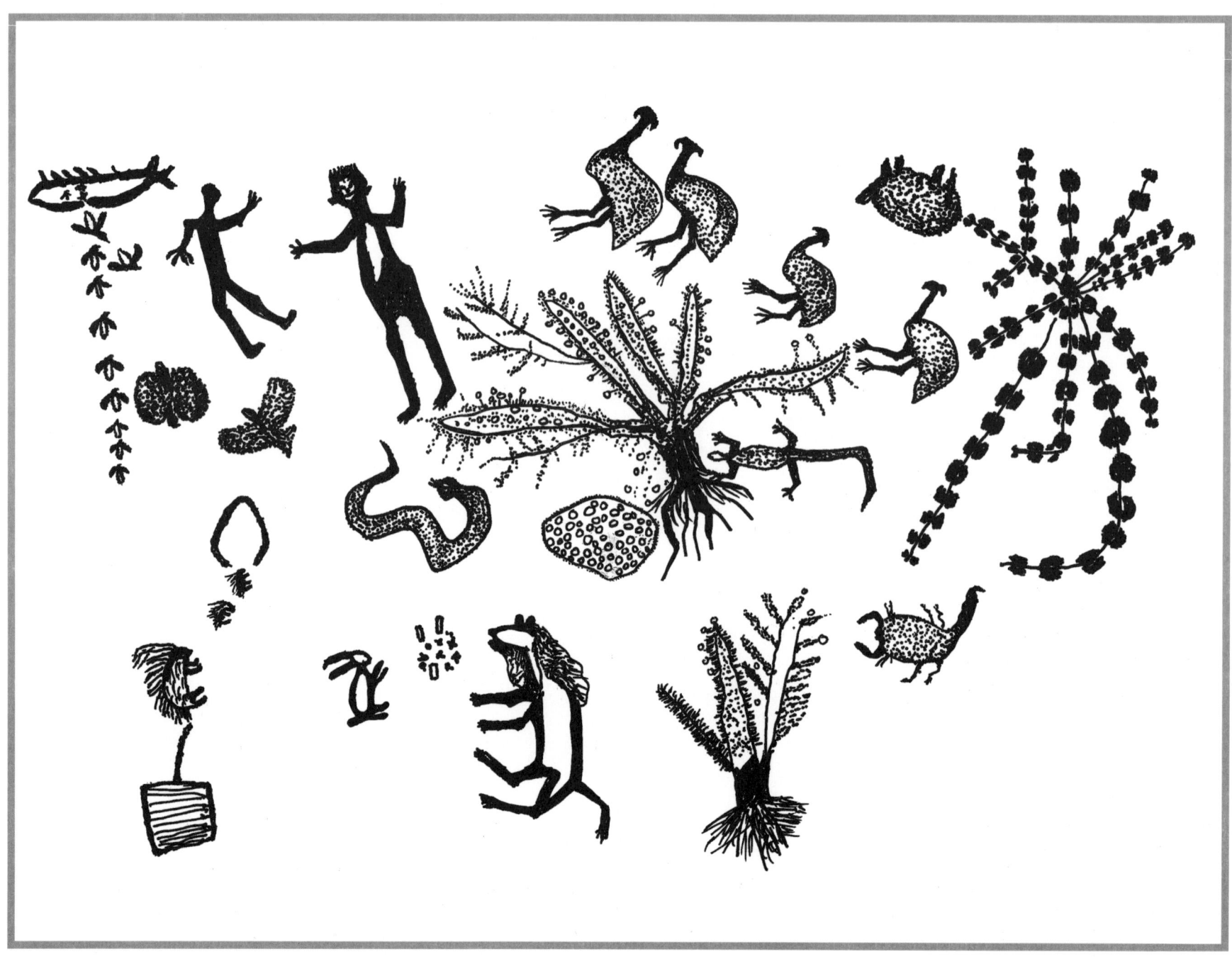

OLD MAN TSAUKE WHO WOULD NOT WEEP

Old man Tsauke refused to weep. "Why should I weep? I have enough to eat and the waterhole at Paniseb never runs dry. For myself I need not weep, and for my wife and children – why, they can weep for themselves."

So !Hutse, the Creator, sent Tsauke far away into the hills where the mangheti trees grow. There he had to gather nuts for his family. Old man Tsauke loved it so much there that he stayed there and grew fat on the mangheti nuts and refused to return to his wife and children, to bring them nuts for the winter. They wept for him and cried of hunger, but old man Tsauke would not weep.

He stayed there for so long that he grew fatter and fatter. He could no longer go to the waterhole at Paniseb, which was quite a distance away. He gathered all the tsammas nearby which that year were quite plentiful. He didn't bother much about water. He thought, "Why, in spring rain will come and there will be water in all the pans around."

!Hutse spoke to him, saying, "Go home to your wife and children for they are weeping for you and they are dying of hunger." But old man Tsauke would not go. "I am too fat for such a long journey. Let them weep for themselves, why should I weep for them?"

!Hutse heard him and went away.

Spring came, but Rain did not come and the tsammas became less and less. Tsauke became thinner and thinner. Still Rain stayed away. Even the waterhole at Paniseb dried up.

!Hutse came to old man Tsauke who was so thin and weak that he could no longer move. "Weep, old man, weep and I'll send Rain to change your tears to plenty of water." But all the water had gone from his body and Tsauke could not weep any more. He tried and tried, and although his body shook with sobbing, he could not weep even one tear. Then he died there at the Mangheti hills.

At last Rain came. The drops glistened like tears on Tsauke's face, but old man Tsauke could weep no more because he was dead.

TOLD TO PROF. BILL VAN NIEKERK BY A !KUNG BUSHMAN AT DOBE IN NAMIBIA.
ILLUSTRATED BY MO/USSI.

TSAUKE LE VIEILLARD QUI N'ARRIVAIT PLUS À PLEURER

Le vieux Tsauke refusait de pleurer. "Pourquoi dois-je pleurer? J'ai assez à manger et le puits de Paniseb n'est jamais à sec. Je n'ai donc aucun besoin de pleurer, libre cours à ma femme et à mes enfants de le faire sur eux-mêmes."

Ainsi, !Hutse, le Créateur, envoya Tsauke loin dans les collines où poussent les mangheti. Il fallait qu'il y aille pour cueillir des noix pour sa famille. Le vieux Tsauke trouva l'endroit si agréable qu'il y demeura et s'engraissa de noix de mangheti en refusant de retourner auprès de sa femme et de ses enfants pour leur apporter des noix pour l'hiver. Ils le pleurèrent et crièrent famine, mais le vieux Tsauke lui ne pleurait pas.

Il resta là si longtemps qu'il ne cessa pas d'engraisser. Il ne pouvait plus retourner au puits de Paniseb situé assez loin. Il ramassa tous les tsammas autour, en cette année-là, il y en avait pléthore. Il s'inquiéta peu pour l'eau, disant: "Pourquoi? Au printemps, quand la Pluie viendra, tous les pans des environs seront remplis."

!Hutse s'adressa à lui: "Retourne auprès de ta femme et tes enfants, ils pleurent et meurent de faim." Mais le vieux Tsauke s'y refusa. "Je suis trop gras pour faire un si long voyage. Qu'ils pleurent sur eux-mêmes, pourquoi le ferais-je à leur place?"

!Hutse l'entendit et s'en alla.

Le printemps revint mais pas la Pluie, et les tsammas se firent de plus en plus rares. Tsauke ne cessa de maigrir. Et la Pluie ne tombait toujours pas. Même le puits de Paniseb s'assécha.

!Hutse revint trouver le vieux Tsauke devenu si faible et si maigre qu'il ne pouvait plus bouger. "Pleure, vieillard, pleure et je t'enverrai la Pluie pour changer tes larmes en beaucoup d'eau." Mais Tsauke n'avait plus une goutte d'eau dans le corps et il ne pouvait plus pleurer. Il essaya à plusieurs reprises et bien que tout son être fut secoué de sanglots, il ne put verser la plus petite larme. C'est là qu'il mourut dans les collines de Mangheti.

Après quoi, la pluie arriva enfin. Les gouttes brillèrent comme des larmes sur le visage de Tsauke, mais le vieux ne pouvait plus pleurer parce qu'il était mort.

RACONTÉ AU PROF. BILL VAN NIEKERK PAR UN BOSCHIMAN !KUNG À DOBE EN NAMIBIE.
ILLUSTRÉ PAR MO/USSI.

OSTRICH AND /AUGHA-≠AKU, THE BUSHMAN

Once there were two people who lived in the Kgalagadi. One of them, Ostrich, carried fire amongst his feathers under his wings. The other one, /Augha-≠aku, had two wives, but no fire. They had to eat raw veldkos, while Ostrich ate cooked food.

As /Augha-≠aku was hunting and gathering veldkos, he met Ostrich who stood a distance away, but the wind was blowing and /Augha-≠aku smelled the fire which Ostrich was carrying. /Augha-≠aku had found a large raisin bush with nice ripe berries high up on the branches. He greeted Ostrich in a very friendly way. "Good day, my friend, my equal. Tomorrow we'll meet here again and I'll help you to pick these lovely sweet berries and we can feast together."

When he got home, he sat down and thought for a long, long time. Later he said to his wives, "While I was hunting I met Ostrich. I smelled the fire on him. Now I want you to go and collect many cucumbers. When I get back with the fire from Ostrich we'll cook them and have a good feast."

/Augha-≠aku went out and collected many, many devil's claws and planted them around the raisin bush. Ostrich came along to have some berries. /Augha-≠aku whispered to the bush, "Grow higher" and the branches grew higher and higher. Ostrich stretched higher up to reach the berries.

"Ostrich, my friend, stretch up your arm much higher; the sweetest berries are on top. Get that high branch and hold it down. Then I can pick the berries".

Ostrich then stretched up his arm to reach the branch. /Augha-≠aku grabbed the fire from under his wing, jumped over the devil's claws and ran away. Ostrich chased him and ran into the devil's claws, which grabbed his feet.

/Augha-≠aku picked a long stick and gave Ostrich a hiding, "Who gave you the right to have fire and keep it to yourself?" he said, and he beat him again." In future you'll walk around in the veld making your nest in the sand laying eggs for us to eat and you'll roar like a lion Hmm-hmm-hmm."

When /Augha-≠aku got home, he said to his wives, "Come, see what I got from Ostrich." He took the two sticks, a long one and a shorter one which was flat on the one side and started rubbing the long stick between his hands onto the flat one until smoke started coming out and a little ember formed. "Here's your fire from Ostrich. Make a big fire with dry wood. Cook your cucumbers and all the veldkos you gathered and let's have a feast." Then he started dancing for joy.

TOLD BY GABA-INE OF KHUTSE, CENTRAL KALAHARI, BOTSWANA.
ILLUSTRATED BY KGORO/WHAA.

AUTRUCHE ET /AUGHA-≠AKU, LE BOSCHIMAN

Il y avait une fois deux êtres qui vivaient dans le Kgalagadi. L'un d'eux, Autruche, portait le feu dans ses plumes, sous ses ailes. L'autre, /Augha-≠aku, avait deux femmes, mais pas de feu. Ils devaient manger du veldkos cru, alors qu'Autruche mangeait des aliments cuits.

Un jour que /Augha-≠aku chassait et ramassait du veldkos, il rencontra Autruche qui se tenait à quelque distance, mais le vent soufflait et /Augha-≠aku sentit le feu qu'elle portait sous ses ailes.

/Augha-≠aku qui avait trouvé un grand taillis de baies avec de beaux fruits mûrs haut dans les branches, salua Autruche très amicalement: "Bonjour, mon amie, mon égale. Demain, nous nous reverrons ici et je t'aiderai à cueillir ces baies bien douces et nous festoierons ensemble."

De retour chez lui, il s'assit et se mit à penser très longuement. Plus tard, il s'adressa à ses épouses: "Alors que je chassais, j'ai rencontré Autruche. J'ai senti le feu sous ses ailes. Maintenant, je veux que vous alliez cueillir des concombres sauvages. Lorsque je reviendrai avec le feu d'Autruche, nous les ferons cuire et ce sera un grand festin."

Sur ce, il alla ramasser une bonne quantité de serres du diable et les planta autour du buisson de baies. Autruche vint pour prendre quelques fruits. /Augha-≠aku murmura au taillis: "Pousse encore plus haut," et les branches poussèrent de plus en plus haut. Et Autruche s'étira plus haut pour atteindre les baies.

"Autruche, mon amie, étends encore davantage ton bras, les baies les plus mûres sont tout en haut. Tiens cette haute branche et courbe-la et je pourrai ainsi prendre les fruits."

Alors Autruche étendit le bras pour saisir la branche. /Augha-≠aku s'empara du feu de son aile, sauta par-dessus les serres du diable et s'enfuit. Autruche lui sauta après et fut prise dans les griffes qui se fermèrent sur ses pattes.

/Augha-≠aku prit alors un long bâton et la frappa. "Qui t'a donné le droit d'avoir du feu et le garder pour toi seule," lui cria-t-il, et il la frappa de nouveau. "À l'avenir, tu iras par le veld faisant ton nid dans le sable et pondant tes oeufs pour que nous les mangions et tu te mettras à grogner comme un lion: Hum-hum-hum!"

Lorsque /Augha-≠aku rentra, il dit à ses épouses: "Venez voir ce que m'a donné Autruche." Il prit deux brindilles, une longue et une courte qui était plate sur un côté et tenant la longue entre ses doigts, il commença à la frotter contre la partie plate de l'autre jusqu'à ce qu'une fumée en sorte, puis que se forme une petite braise. "Voilà votre feu qui vient d'Autruche. Faites un grand feu avec du bois sec et mettez vos concombres et tout le velkos que vous avez réuni à cuire et faisons un grand festin." Et il se mit à dancer de joie.

RACONTÉ PAR GABA-INE DE KHUTSE, KALAHARI CENTRAL, BOTSWANA.
ILLUSTRÉ PAR KGORO/WHAA.

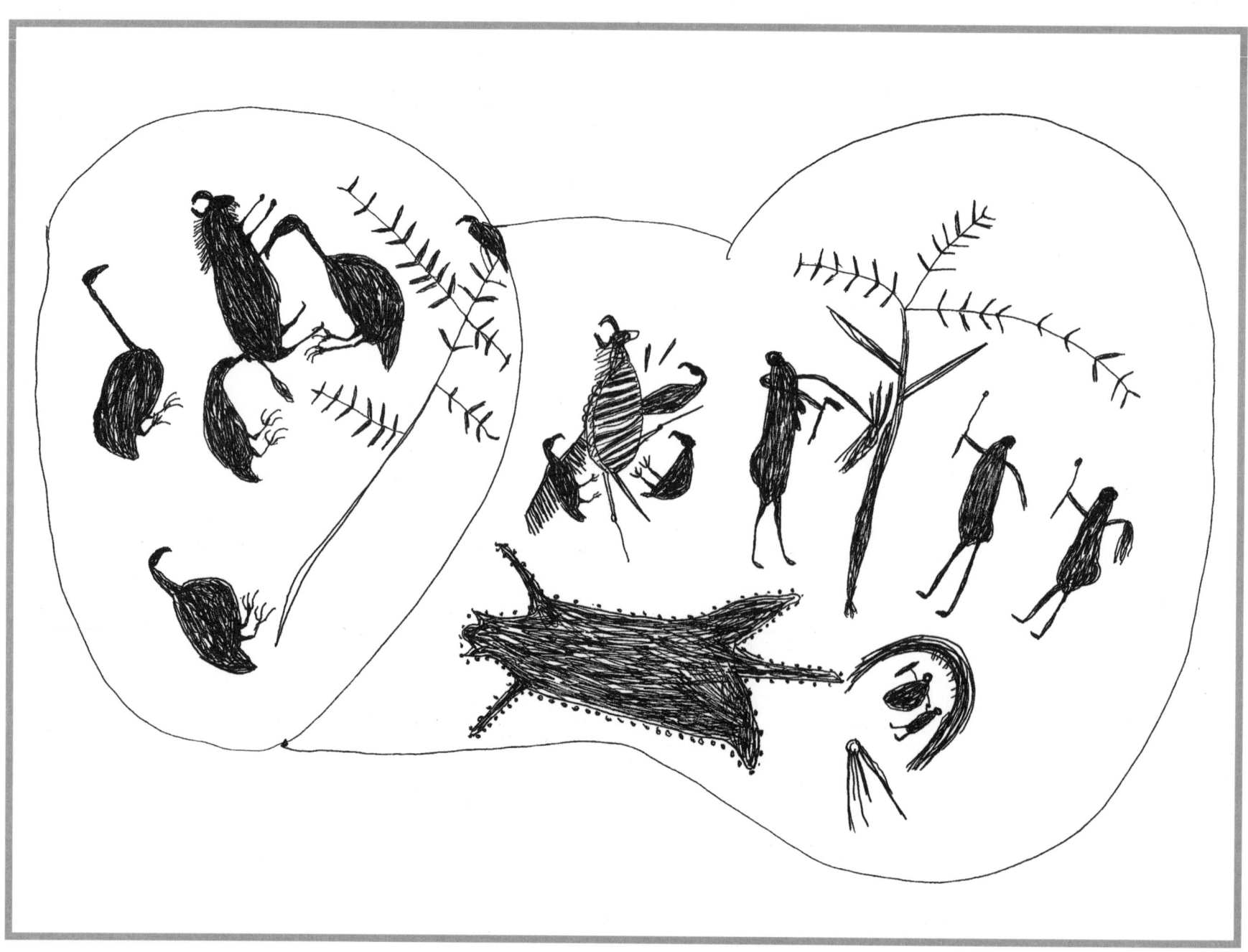

THE VULTURES AND THEIR SISTER

Vultures are people who eat a lot; they do not eat a little. They devour all the flesh they may find.

In the early times there was a woman. She took vultures for her sisters, hoping that they would help her provide food for her and her husband, but it turned out to be completely the opposite.

Her husband went hunting. He killed a wildebeest to bring home. While he was away calling his wife to help him carry the meat, the vultures came. They flapped their wings while swallowing the flesh, which they were tearing off the wildebeest. They ate up all of it, leaving only the skin. When the man and his wife returned they only found a skin. She took the skin home, spread it open to dry, thinking that she could make a bed with it upon which they could sleep. Then she went out collecting veldkos for her hungry husband. Her sisters, the vultures, came again and pulled the skin, tearing it to pieces and swallowing it. The woman and her husband came back. The hungry husband cursed the birds. He threatened to kill them for he was very angry. The vultures were afraid of their sister's husband, flew away and sat in the trees watching his every move.

The man went out hunting again. He killed another wildebeest. He brought it home. He was very tired and fell asleep under a tree. The vultures saw him sleeping and because they were not afraid of their sister, they sat down on the wildebeest and started tearing it apart. They were eating hastily to finish all the meat before the man would wake up. Then they flew away and sat on the trees again, for they knew well that when he woke up, he would kill them with his arrows.

When the man woke up, he was very, very angry and cursed the vultures, "You took our food, wherever I find one of you I'll destroy you!"

The woman also became very angry and started shouting at them; "You are leaving us starving; you are no longer my sisters!" She knew that she would no longer have vultures for sisters. She became a good wife to her husband, always collecting food, water and firewood for him. Whenever she saw the vultures she would chase them away and take their food away to give to her husband.

TOLD BY AND ILLUSTRATED BY KGORO/WHAA.

LES VAUTOURS ET LEUR SOEUR

Les vautours sont des êtres qui ne mangent pas peu mais beaucoup. Ils dévorent toute la chair qu'ils peuvent trouver.

Autrefois, vivait une femme qui prenait les vautours pour ses soeurs, dans l'espoir qu'ils l'aideraient à trouver de la nourriture pour elle et son mari. Mais ce fut tout le contraire qui arriva.

Son mari s'en alla chasser. Il tua un gnou pour le ramener à la maison. Alors qu'il appelait sa femme pour lui demander de venir l'aider à transporter la viande, arrivèrent les vautours. Ils battirent des ailes en avalant la chair qu'ils arrachaient du gnou et la mangèrent en ne laissant que la peau que l'homme et sa femme trouvèrent lorsqu'ils revinrent. Elle s'en empara, la tendit pour la faire sécher pensant en faire un lit sur lequel ils dormiraient. Puis elle partit ramasser du veldkos pour son mari qui avait faim. Les vautours survinrent une nouvelle fois, tirèrent sur la peau la déchirant en morceaux puis l'avalèrent. Au retour du couple, le mari affamé maudit les vautours et fou de colère, menaça de les tuer. Ces derniers prirent peur et s'envolèrent se percher dans les arbres où ils observèrent chaque geste du mari de leur soeur.

L'homme repartit chasser. Il tua un autre gnou qu'il ramena à la maison. Très fatigué, il s'endormit sous un arbre. Les vautours virent qu'il dormait et, comme ils n'avaient pas peur de leur soeur, ils fondirent sur l'animal et le déchirèrent à plein bec. Ils se hâtèrent de finir de manger toute la viande avant que l'homme ne se réveille. Ensuite, ils s'enfuirent de nouveau dans les arbres parce qu'ils savaient bien qu'à son réveil l'homme les tuerait avec ses flèches.

Lorsqu'il ouvrit les yeux, ce dernier devint très très furieux et maudit les vautours: "Vous avez pris notre nourriture. Où que je vous trouve, je vous détruirai!"

La femme entra également dans une grande colère et se mit à hurler: "Vous nous avez laissé crever de faim, vous n'êtes plus mes soeurs!" Elle sut qu'elle n'aurait plus de vautours pour soeurs. Elle devint la bonne épouse de son mari, lui trouvant toujours de la nourriture, de l'eau et du bois à brûler. Partout où elle rencontra des vautours, elle leur fit la chasse afin de garder la nourriture pour son mari.

RACONTÉ ET ILLUSTRÉ PAR KGORO/WHAA.

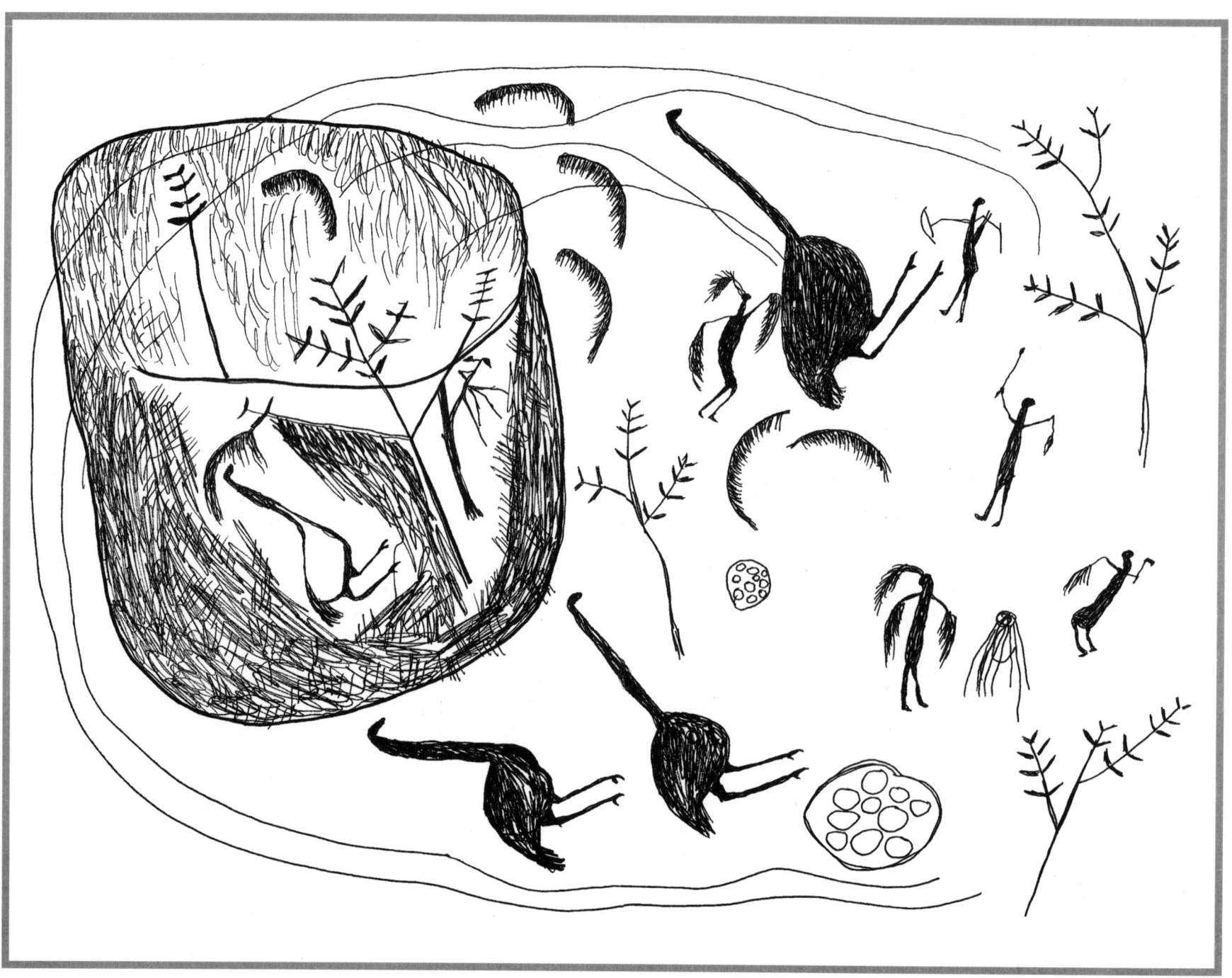

A FEATHER BECAME AN OSTRICH

The ostrich is a beautiful and powerful person. He was once a single feather, a feather that grew in the water of the pan after the rain.

A very hungry hunter went out to look for something to hunt to take home to his hungry wife and children. They were all very hungry. As he was walking through the veld he saw a huge bird. He killed it with his arrow, which went straight into the bird's heart. The bird fell to the ground. The man called his wife and together they plucked the feathers and threw them in the bush. The feathers closest to the heart had blood on them; blood from the heart.

The man and his wife roasted the flesh and gave some to their children. They felt new life coming into their bones. They did not feel faint and weak anymore.

A gush of wind came across the plains and scattered the feathers of the bird. One little bloodstained feather flew very high up into the air and was carried away by the wind. When the wind dropped the little feather fell down and into the water of a pan where it got soaked by the water. The little wet feather started to grow, and as it drank more and more water it grew bigger and bigger. It grew legs, wings, and a neck with a head upon it. It grew feathers. It got up from the water and went to lie in the sun on the edge of the pan. It started kicking its legs to make them strong. It started flapping its wings to make them strong. It lifted up its head to look around. It became an ostrich.

The ostrich got up, stood on its strong legs, but it could not fly. Thus it trotted off and ran across the plains until it found a female ostrich. Together they rolled in the sand flapping their wings to make the sand soft. A hollow in the sand became their nest where they laid their eggs. The eggs were their children and, taking turns, they tended the eggs. When the hyena came close to snatch away the eggs, they would kick it away with their strong legs.

Thus the feather, which was dipped in blood and then in water, became an ostrich.

TOLD AND ILLUSTRATED BY KGORO/WHAA.

OÙ UNE SEULE PLUME DEVINT TOUTE UNE AUTRUCHE

L'autruche est un être beau et puissant. Il fut un temps où elle n'était qu'une plume unique; une plume qui pousse dans l'eau du pan après la pluie.

Un chasseur affamé partit à la recherche de gibier qu'il rapporterait à sa femme et à ses enfants qui avaient tous très faim. En traversant le veld, il aperçut un grand oiseau qu'il tua d'une flèche qui pénétra directement dans le coeur de l'oiseau. Ce dernier tomba à terre. L'homme appela sa femme et ils se mirent tous les deux à lui arracher les plumes qu'ils jetèrent dans un buisson. Les plumes les plus proches du coeur étaient tachées de sang; du sang jailli du coeur.

L'homme et sa femme firent cuire la chair et en donnèrent aux enfants. Ceux-ci sentirent une nouvelle force dans leurs os. Ils n'eurent jamais plus de vertige ni de faiblesse.

Un vent souffla au-dessus des plaines, éparpillant les plumes de l'oiseau. Une d'entre elles, tachée de sang, vola très haut dans l'air et fut emportée par le vent. Quand le vent baissa, la petite plume tomba dans l'eau d'un pan où elle fut trempée. La petite plume mouillée commença à pousser et, à mesure qu'elle absorbait davantage d'eau, elle grandit et grossit de plus en plus. Des pattes, des ailes puis un cou avec une tête dessus lui poussèrent. Des plumes également. Elle sortit de l'eau et alla s'étendre au soleil au bord du pan. Elle commença à lancer ses pattes et à battre des ailes pour les fortifier. Elle leva la tête pour voir alentour. Elle devint une autruche. Elle se mit debout sur ses fortes pattes, mais elle ne pouvait pas voler. Ainsi, elle se mit à trotter et à courir à travers les plaines jusqu'à ce qu'elle trouve une compagne.

Ensemble elles se roulèrent dans le sable en battant des ailes pour qu'il soit plus souple. Un creux devint le nid où elles pondirent leurs oeufs. Ce furent leurs petits, et chacune à son tour couvra les oeufs. Lorsque l'hyène s'en approcha pour les voler, elles la chassèrent à coups de leurs robustes pattes.

C'est ainsi que la plume plongée dans le sang, puis après dans l'eau, devint toute une autruche.

RACONTÉ ET ILLUSTRÉ PAR KGORO/WHAA.

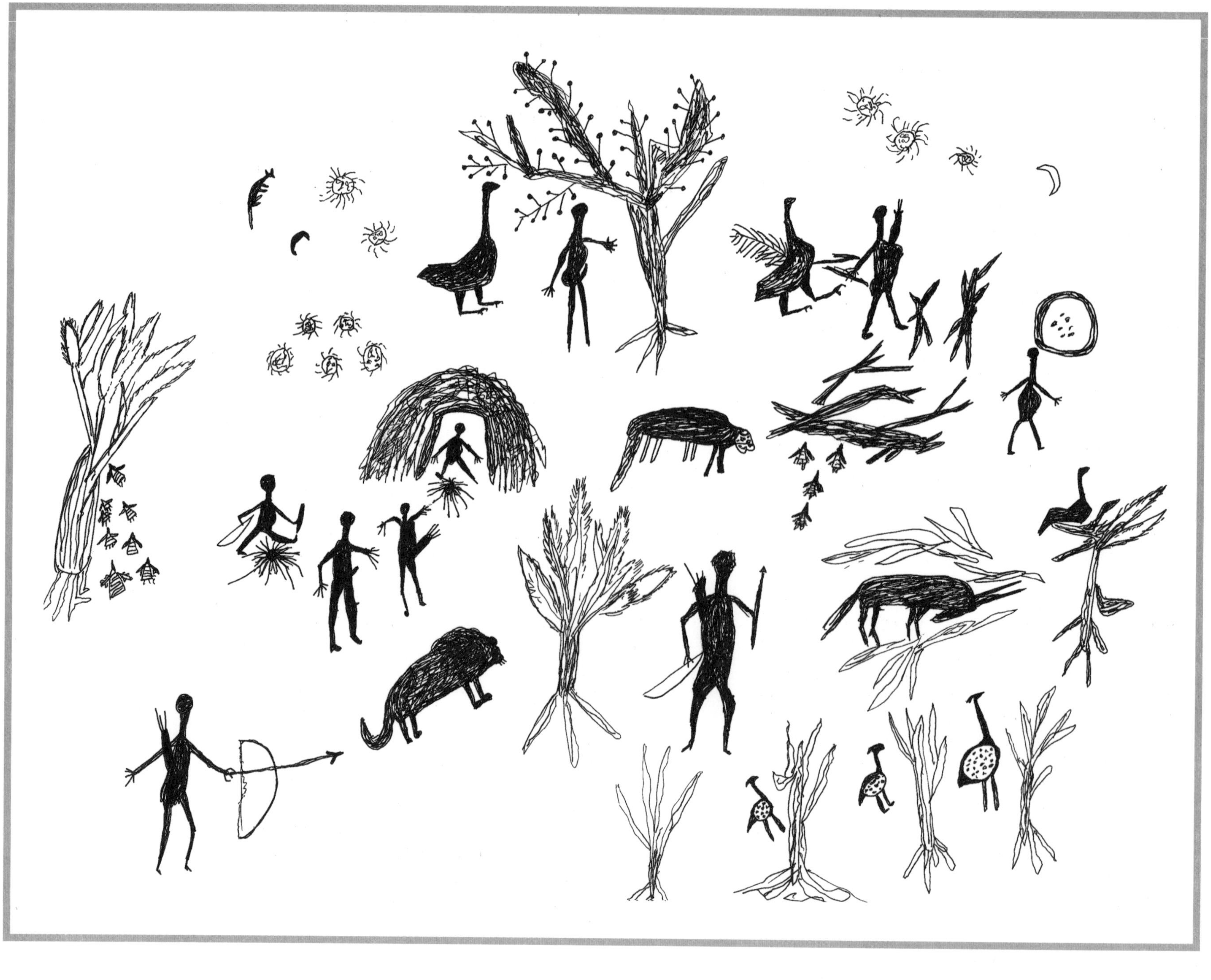

WHY BUSHMEN DO NOT KILL LIONS

Parabhize and Ostrich were eating berries from a raisin-bush, when Parabhize saw something under Ostrich's wing. When Ostrich lifted his wing to pick berries Parabhize snatched the fire-sticks from Ostrich and ran away. While running he stumbled over the wood of a dead tree and as he fell he looked down into a hole in which there was dung. It smelled so bad that he got up and ran on. While still running through the veld he saw different things. He saw a big bird nesting on a tree and the carcass of a gemsbok which had been killed by a lion. Parabhize then decided to drag the gemsbok under the cover of a bush in order to go and fetch the meat later. There, in the bush, he saw a swarm of bees. He chopped down the tree, got out the honey and went home.

His children were very happy to see their father with the sweet honey in his bag. With the fire-sticks, which he had grabbed from Ostrich, they kindled a fire. Parabhize said to the children, "Stay here by the fire while I go to fetch the meat so that we may eat."

When he got home with the meat it was late and getting dark. The stars were shining, the fire was ready and they fried the meat in the red-hot embers.

The lion, which had killed the Gemsbok, sniffed the wind and smelled the roasted meat. Then he thought to himself, "That must be my meat and I am going to fetch it. It belongs to me." He went to Parabhize's village and looked around very carefully. The lion-wind suddenly stirred, so Parabhize sat up, looked around and said, "There must be a lion close-by. I better take my bow and arrows to kill the lion before it comes to kill us."

When Parabhize saw the lion crouched underneath a bush, he said to himself, "If I kill this lion, it won't live to kill animals anymore and I would go hungry too. I think I should only scare it away."

Being Parabhize, a person with supernatural powers, he whispered to his arrow telling it not to kill the lion but to scare it away. He pulled the string of his arrow very lightly and sent off the arrow. The arrow struck the lion like a bee's sting. The lion gave a loud growl and ran off into the dark. Parabhize went home and slept soundly for the rest of the night.

TOLD AND ILLUSTRATED BY DJU-O-GHAI, DIPHUDUHUDU, SOUTH-EASTERN BOTSWANA.

LES BOSCHIMANS NE TUENT PAS DE LIONS

Parabhize et Autruche se régalaient des baies d'un buisson, quand le premier remarqua quelque chose sous l'aile d'Autruche. Lorsque cette dernière souleva son aile pour cueillir les baies, Parabhize lui subtilisa ses bâtons à feu et s'enfuit. Alors qu'il courait, il trébucha sur le tronc d'un arbre mort et en tombant, son regard plongea dans un trou rempli de fiente. L'odeur était si forte qu'il se releva et reprit sa course. Toujours courant à travers le veld, il vit différentes choses: un grand oiseau niché dans un arbre et la carcasse d'un gemsbok victime d'un lion. Parabhize décida de traîner les restes de l'animal à l'abri d'un buisson afin d'en retrouver la chair plus tard. Là, dans le buisson, il aperçut un essaim d'abeilles. Il abattit l'arbuste, s'empara du miel et retourna chez lui.

Les enfants furent heureux de voir leur père portant le doux miel dans sa besace. Avec les bâtons à feu qu'il avait subtilisés à l'Autruche, ils allumèrent un feu. Parabhize leur dit de ne pas s'en éloigner: "Je pars chercher la viande afin que nous mangions."

Lorsqu'il revint avec la viande, il était tard et la nuit s'approchait. Il y avait des étoiles dans le ciel, le feu était prêt et ils firent griller la viande sur les braises rougeoyantes.

Le lion qui avait tué le Gemsbok renifla le vent et sentit l'odeur de la viande grillée, et se dit: "Ce doit être ma viande et je m'en vais la prendre. Elle m'appartient." Il se rendit au village de Parabhize et se mit à flairer autour si minutieusement que l'attention de Parabhize finit par s'éveiller et jetant un coup d'oeil autour de lui, il dit: "Il doit y avoir un lion pas loin. Je ferai bien de prendre mon arc et mes flèches et de l'abattre avant qu'il ne nous tue."

Au moment où Parabhize vit le lion accroupi sous un buisson, il se dit à lui-même: "Si jamais je tue ce lion, il ne pourra plus chasser d'autres animaux et j'aurai également faim. Je pense que je vais me contenter de l'effrayer."

Parabhize étant un être aux pouvoirs surnaturels, murmura à sa flèche de ne pas tuer le lion mais seulement de lui faire peur. Il banda son arc très mollement et tira. La flèche atteignit le lion telle une piqûre d'abeille. L'animal lança un puissant rugissement et s'enfuit dans l'obscurité. Parabhize rentra chez lui et passa le reste de la nuit à dormir en toute quiétude.

RACONTÉ ET ILLUSTRÉ PAR DJU-O-GHAI, DIPHUDUHUDU, BOTSWANA DU SUD-EST.

38

THE BARREN LIONESS

Long, long ago when people lived with animals, there was a lioness that had no children of her own. She decided to go and fetch a few children from the people who lived in a village nearby. While the children were playing outside and the parents were away collecting veldkos the lioness took the children to her cave to care for them.

She loved the children as if they were her own. The people's children felt that she was their mother.

One day the lioness went to the waterhole to drink. While she was at the pool a man went to her place. He spoke to the children saying, "You are not young lions; you are people's children. You should get up and walk back home where your real parents are waiting for you. They have lit the fires, roasted meat and fetched honey for you."

The children, when they heard this, followed the man from the cave where they lived with the lioness. They all went to their village where their parents were waiting for them.

When the lioness returned, her children were all gone. She was furious and growling she roared, "Come back! Where are you?" She followed their tracks and saw that they had gone to the village where there were many men. She was afraid to fetch them because the men were many while she was a single lioness. In her heart she spoke to herself, "Wherever I find single men walking I'll kill them, because they took away my children."

Told and illustrated by //Au-a-ghai, Diphuduhudu, South-Eastern Botswana.

LA LIONNE STÉRILE

Très très longtemps de cela, du temps où les hommes vivaient ensemble avec les animaux, il y avait une lionne qui n'avait pas d'enfants à elle. Elle décida d'aller en trouver quelques-uns auprès des gens d'un village voisin. Alors que les enfants jouaient dehors et que les parents étaient partis ramasser du veldkos, elle emporta les enfants et les mit dans sa grotte pour en prendre soin.

Elle les aima comme s'ils étaient ses propres enfants et ces derniers eurent l'impression qu'elle était leur mère.

Un jour que la lionne s'était rendue au puits pour boire, un homme lui rendit visite en son absence. Il s'adressa aux enfants en ces termes: "Vous n'êtes pas des lionceaux, vous êtes des petits d'homme. Vous devez vous lever et retourner à la maison où vos vrais parents vous attendent. Ils ont allumé le feu, grillé de la viande et trouvé du miel pour vous."

Lorsque les enfants entendirent cela, ils sortirent de la grotte où ils vivaient avec la lionne et suivirent l'homme. Ils se dirigèrent tous vers le village où leurs parents les attendaient.

À son retour, la lionne vit que tous ses enfants étaient partis. Elle devint furieuse, poussa des grognements, puis rugit: "Revenez! Où êtes vous donc?" Elle suivit leurs traces et se rendit compte qu'ils étaient partis au village où vivait toute une foule de gens. Elle eut peur d'aller les rechercher parce que les hommes étaient nombreux et qu'elle était seule. Elle se dit dans son coeur: "Partout où je trouverai des hommes marchant seuls, je les tuerai parce qu'ils ont pris mes enfants."

Raconté et illustré par //Au-a-ghai, Diphuduhudu, Botswana du Sud-Est.

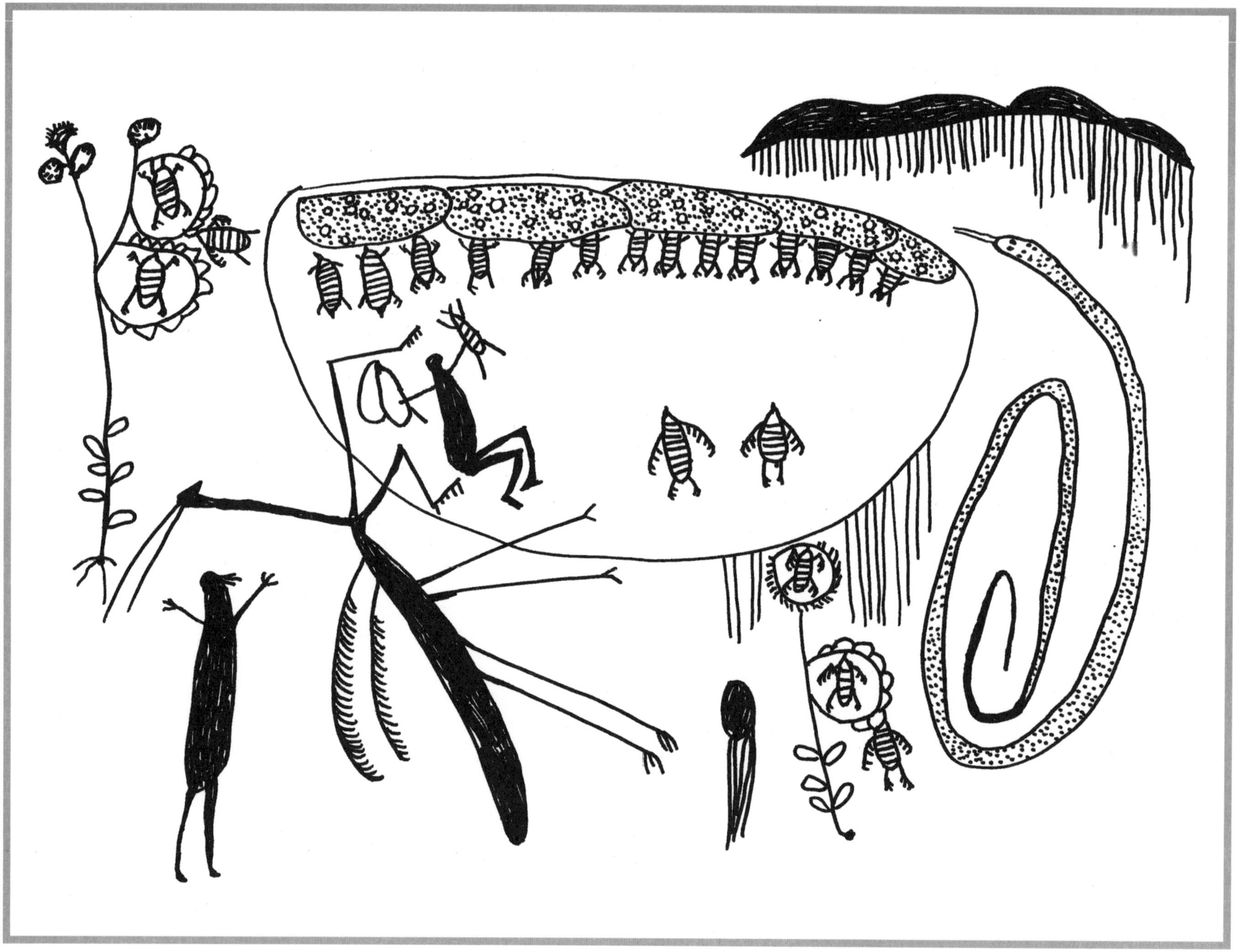

THE STORY OF HONEY

Our ancestors told us that Snake has always been the messenger between Bhize and Rain. When it is dry on earth we dance to ask Bhize to send Snake to beg him for rain to fall.

When it rains, the plants grow, they flower and we all, the Bushmen and the animals, are happy. Bhize then sends bees to fetch honey from the flowers to store away in their home. Parabhize does not like the bees. He catches them when they want to enter their home. He pulls off their wings and throws them away; then they cannot fly to the flowers to fetch honey any more.

Parabhize is jealous of the bees. He says the bees are stealing his honey. We like them because they make delicious honey for us to take home and to make us happy. That is why Parabhize catches the bees and kills them.

Told and illustrated by Kgoro/whaa.

L'HISTOIRE DU MIEL

Nos ancêtres nous ont enseigné que Serpent servait de messager entre Bhize et la Pluie. Lorsque la sécheresse règne sur la terre, nous dansons pour demander à Bhize d'envoyer Serpent pour qu'il supplie la pluie de tomber.

Quand il pleut, les plantes poussent et fleurissent, et Boschimans et animaux sont tous heureux. Bhize envoie alors les abeilles butiner le miel des fleurs et le conserver dans leur nid. Parabhize n'aime pas les abeilles. Il les attrappe lorsqu'elles tentent de regagner leur nid. Il leur arrache les ailes et les jette, ce qui les empêche à jamais de voler vers les fleurs pour butiner.

Parabhize est jaloux des abeilles. Ils dit qu'elles volent son miel. Nous, nous les aimons parce qu'elles font pour nous du miel délicieux que nous pouvons rapporter à la maison pour nous rendre heureux. C'est pourquoi Parabhize attrape les abeilles et les tue.

Raconté et illustré par Kgoro/whaa.

42

CLEAR-HEADED HARE

Three men went hunting. One of them was called Phale. When they came to a cross-berry bush they saw that there was much fruit. Two of them decided to carry on to hunt the giraffe they were following. Phale would stay to pick as many berries as he could. While Phale was picking the berries, Hare came from underneath the bush and offered to help Phale. Together they picked a lot of berries. Then Phale fell asleep and Hare took all the berries into his burrow. Hare also ate some of the berries, took the pips and berry-skins and covered Phale's buttocks with them while he was sleeping.

When the men came back from the hunt, they found Hare there and asked him where all the berries were. "Don't ask me! See for yourselves what has happened to all the berries," and he pointed to Phale's buttocks. Phale woke up and to his astonishment he was chased away by the other two hunters.

The two hunters decided to fry the liver of the giraffe which they had brought with them because they were very hungry. They took the liver from the embers when it was cooked and put it aside to cool off. Then they also fell asleep. When they woke up the liver was gone. Hare had eaten it all. They grabbed Hare and scratched out his eyes. Hare couldn't see, and they left him there. He started feeling his way and found a big tree, which had a hole in its trunk. Inside he felt a bat. He grabbed the bat, pulled out its eyes and put them into his own head. He climbed into the hole where bat was living, to hide.

When the people arrived there, Bat said to them "Hare was here, look what he has done to me. He took my eyes and my home." The men took mud and covered up the hole in the trunk, but Hare dug a hole through and ran away.

Porcupine was still looking for food for her children, when Hare came past. "Hare, please take care of my children while I'm collecting food for them." Hare stayed there, but instead of looking after the children he killed them and cooked them for supper. Lion, who was close-by, saw it all. He called Porcupine and said, "The supper you had last night was your own children." When Hare realised that he was caught out, he ran away.

Genet and Mongoose were busy playing with a ball of light when Hare arrived there. "May I play too?" he asked. "Certainly," they said and they started throwing the ball to one-another. When Hare caught the ball he threw it up very, very high into the sky so it got stuck up there. The sun was shining brightly for all the people on earth to see. Porcupine saw Hare and started chasing him again.

LA PERSPICACITÉ DU LIÈVRE

Trois hommes s'en allèrent à la chasse. L'un d'eux s'appelait Phale. Lorsqu'ils arrivèrent à un buisson de baies croisées, ils trouvèrent beaucoup de fruits. Deux d'entre eux décidèrent alors de continuer à chasser une girafe qu'ils poursuivaient. Phale resta à cueillir autant de baies qu'il pouvait. Alors qu'il les ramassait, Lièvre sortit du buisson et offrit de l'aider. Ensemble, ils cueillirent beaucoup de baies. Puis Phale s'endormit et Lièvre emporta tous les fruits dans son terrier. Il en mangea aussi quelques-unes, enleva les pépins et la peau et en recouvrit le derrière de Phale qui dormait.

Revenus de la chasse, les hommes trouvèrent Lièvre et s'enquirent des baies. "Ne me le demandez pas! Voyez par vous-mêmes ce qu'il est advenu de tous ces fruits," et il montra du regard les fesses de Phale. Lorsque celui-ci se réveilla, il fut étonné que les deux autres chasseurs le chassent.

Les deux chasseurs décidèrent de frire le foie de la girafe qu'ils avaient emporté parce qu'ils avaient faim. Sitôt cuit ils le sortirent des braises et le mirent de côté à refroidir. Puis eux aussi s'endormirent. À leur réveil, le foie avait disparu: Lièvre l'avait entièrement mangé. Ils se saisirent de l'animal et lui arrachèrent les yeux, puis ils laissèrent là Lièvre aveugle. Ce dernier commença à chercher son chemin à tâtons et rencontra un gros arbre avec un trou dans le tronc, à l'intérieur duquel il sentit la présence d'une chauve-souris. Il la prit et lui arracha les yeux qu'il replaça sur sa propre tête. Il grimpa ensuite se cacher dans le trou où vivait l'animal.

Quand les gens s'amenèrent, Chauve-Souris leur dit: "Lièvre était ici. Voyez ce qu'il m'a fait. Il m'a pris les yeux et ma maison."

Les hommes prirent de la boue et bouchèrent le trou dans le tronc. Mais Lièvre perça la boue et s'enfuit.

Porc-épic cherchait toujours de la nourriture pour ses enfants lorsqu'il croisa Lièvre. "S'il te plaît Lièvre, veille sur mes enfants le temps que je leur trouve de quoi manger." Lièvre resta là, mais au lieu de veiller sur les petits, il les tua et les fit frire pour le dîner. Lion qui n'était pas loin vit toute la scène. Il appela Porc-épic et lui dit: "Le dîner que tu as eu la nuit dernière était tes propres enfants." Quand Lièvre réalisa qu'il était découvert, il prit la fuite.

Genet et Mangouste jouaient avec une balle de lumière quand survint Lièvre: "Puis-je également jouer?" demanda-t-il. "Bien sûr," leur répondirent-ils, et ils commencèrent à se passer la balle. Arrivé à Lièvre, il la lança très, très haut dans le ciel et elle y demeura. Le soleil brillait de tous ses feux afin de permettre à tout le monde de voir.

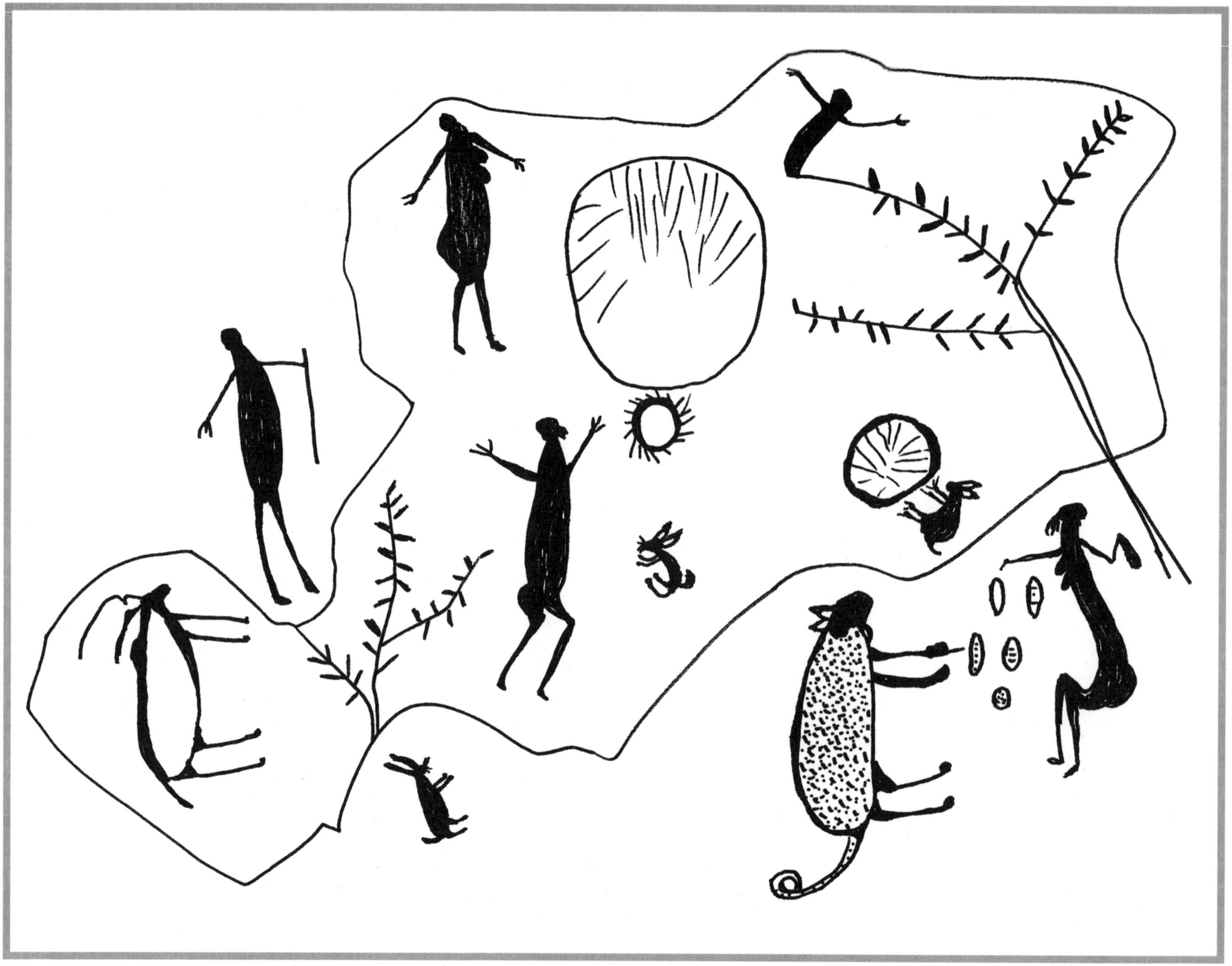

Hare ran and ran and came to a river, but the river was too wide to jump across so he curled himself up and pretended to be a rock. Porcupine saw this stone and talking to himself he said, "This is such a nice big stone. It's just the right thing to kill Hare with." She picked up the rock and threw it far across the river. When the "rock" landed on the other side, Hare jumped up and shouted, "Thank you, Porcupine, you have helped me to cross the river." Laughing and jumping, Hare ran away and disappeared into the forest.

TOLD BY /HI-/HI-GHAI AT DIPHUDUHUDU, SOUTH-EASTERN KALAHARI, BOTSWANA.
ILLUSTRATED BY KGORO/WHAA.

MOON AND HARE'S ARGUMENT

Once there was a man, a Bushman, who was very ill; he was almost dying. The man's wife was very sad and she wept, not knowing how she could help him. Then she went to Leopard and asked him for help. Leopard consulted his magic bones and told the woman that she should go to Hare for advice. She went to Hare while the full moon was shining from the sky. Hare told the woman that her husband would die and that there was nothing to be done about it. The woman wept bitterly and Moon felt very sorry for her.

When Moon heard what Hare was saying, he became very angry and argued with Hare saying, "The man shall not die. He shall rise and grow strong again as I do when I die."

Hare did not believe this. The argument went on and on. Hare insisted that when a man dies, he dies forever. He would not recover and get up again.

Eventually they started fighting and Hare scratched Moon's face with his sharp claws. Moon hit back. He hit Hare on his mouth so hard that his lip split.

One can still see the scratch marks on Moon's face. Hare still has a split upper-lip and when a man dies, he never recovers.

TOLD AND ILLUSTRATED BY KGORO/WHAA.

Puis, Porc-épic aperçut Lièvre et se mit de nouveau à le poursuivre. Celui-ci ne cessa de courir jusqu'à ce qu'il atteigne une rivière, mais elle était trop grande à franchir. Alors Lièvre se lova sur lui-même et fit semblant d'être un rocher. Porc-épic vit la pierre et se dit à lui-même: "Que voilà une belle pierre. C'est juste ce qu'il me faut pour tuer Lièvre." Il prit la pierre et la lança loin de l'autre côté de la rivière. Quand "le rocher" parvint sur l'autre rive, Lièvre se redressa et cria: "Merci, Porc-épic, tu m'as aidé à traverser la rivière." Riant et sautillant, il s'enfuit et disparut dans la forêt.

RACONTÉ PAR /HI-/HI-GHAI À DIPHUDUHUDU, KALAHARI DU SUD-EST, BOTSWANA.
ILLUSTRÉ PAR KGORO/WHAA.

DISPUTE ENTRE LUNE ET LIÈVRE

Il y avait une fois un homme, un Boschiman, qui était très malade et tout près de mourir. Sa femme était très triste et pleurait ne sachant pas comment faire pour l'aider. Elle alla ensuite demander du secours à Léopard qui fit parler ses osselets magiques. Sur ce, il déclara qu'elle devrait solliciter l'avis de Lièvre. Ce qu'elle fit alors que la pleine lune brillait dans le ciel. Lièvre apprit à la femme que son mari mourrait et qu'il n'y avait rien à faire. Elle pleura amèrement et Lune en fut triste pour elle.

Lorsque Lune sut ce que disait Lièvre, elle entra dans une grande colère et se disputa avec lui: "L'homme ne doit pas mourir. Il se lèvera et retrouvera ses forces comme moi lorsque je meurs."

Lièvre n'était pas d'accord. La discussion se prolongea. Lièvre disait que quand un homme était mort, c'était pour toujours. Il n'était pas question qu'il retrouve sa santé et qu'il se relève.

En fin de compte, il se mirent à se battre et Lièvre laboura le visage de Lune avec ses griffes pointues. Cette dernière répliqua en frappant Lièvre sur la bouche, si durement qu'il lui fendit la lèvre.

Aujourd'hui encore, on peut voir l'égratignure sur le visage de Lune et la fente dans la lèvre supérieure de Lièvre. Et quand un homme meurt, il ne s'en remet jamais.

RACONTÉ ET ILLUSTRÉ PAR KGORO/WHAA.

46

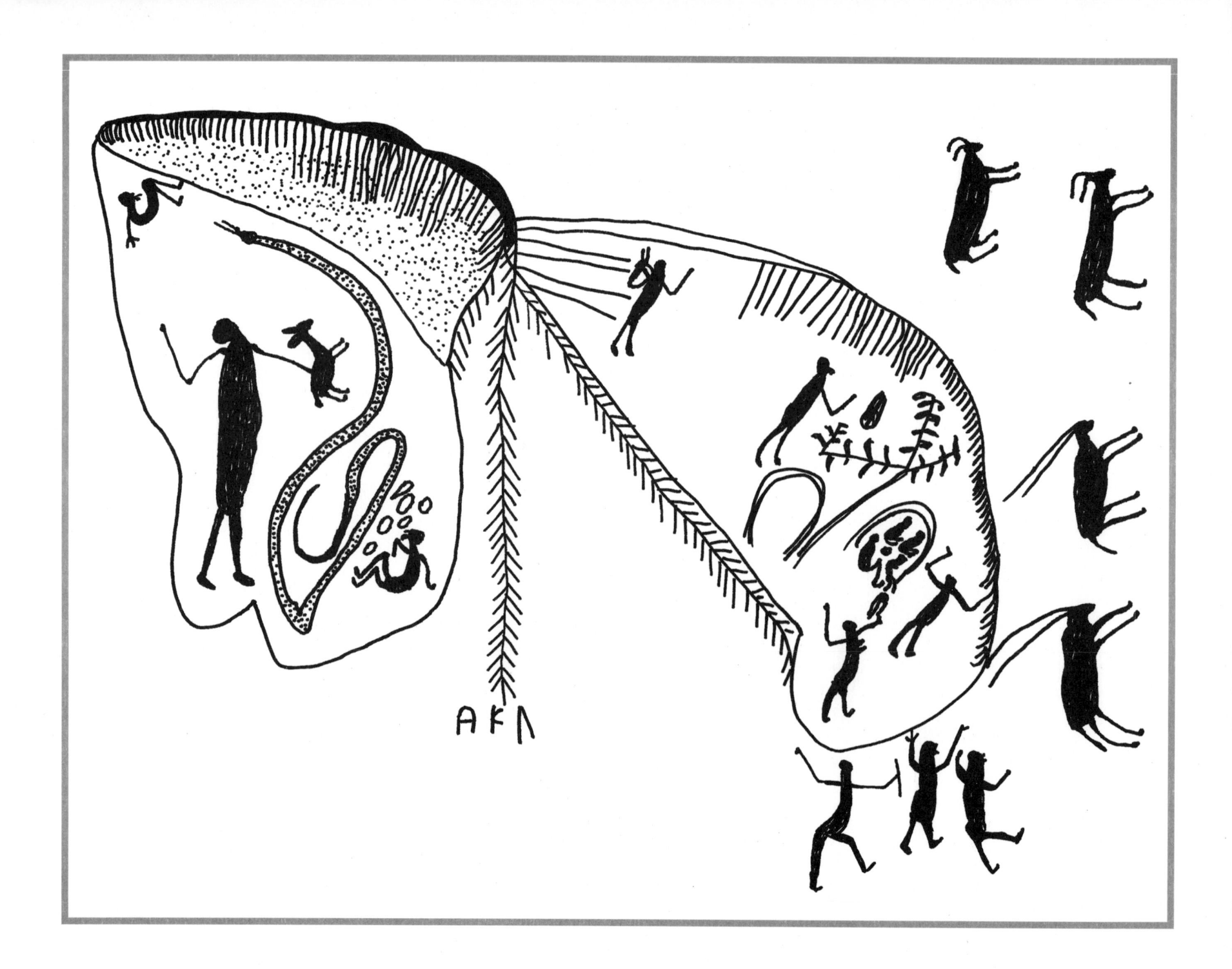

RAIN

It was dry in the Kgalagadi, very dry. The animal people were suffering severely. There was no grass on the plains and on the dunes to eat. They were all very weak and couldn't walk anymore.

Bhize saw that his people were in anguish and dying. Bhize felt sorry for them and didn't know what to do. He consulted the magic bones. He spoke to them urgently and they advised him to send Snake to /Ause-≠wa-djuba to plead for rain.

/Ause-≠wa-djuba lived in the far land where rain comes from. Snake had to go very far. Snake pleaded with /Ause-≠wa-djuba but because he was angry with Bhize he decided to send a vicious storm. It became dark. There was lightning, wind and severe rain. Bhize had to flee.

Bhize's family saw this terrible, dark storm approaching. Lightning struck continuously and they went into their shelters to hide. They were very worried about Bhize. They thought they would never see him again; that he would never come back and they started weeping. But Bhize came back, flying with the wind. The wind brought him back to where his family was sitting, weeping in their shelter, until the rain stopped.

They ran outside, jumping, dancing for joy because Bhize had asked /Ause-≠wa-djuba for rain. The grass grew high, the trees bore berries, the animal people became fat and there was enough food for all to live.

TOLD AND ILLUSTRATED BY KGORO/WHAA.

QUAND VIENT LA PLUIE

Une grande sécheresse frappait le Kgalagadi. Les animaux en souffraient beaucoup. Pas un brin d'herbe à brouter dans les plaines et sur les dunes. Ils étaient tous très faibles et ne pouvaient plus bouger.

Bhize se rendit compte que les gens étaient dans l'angoisse et mouraient. Il était désolé et ne savait pas quoi faire. Il fit parler les osselets magiques en toute urgence et ils lui conseillèrent d'envoyer Serpent plaider auprès de /Ause-≠wa-djuba pour que vienne la pluie.

/Ause-≠wa-djuba vivait dans le lointain pays d'où vient la pluie. Serpent fit un long chemin pour venir lui présenter sa supplique. Mais, parce que ce dernier était fâché avec Bhize, il décida de provoquer un violent orage. L'obscurité envahit le ciel: éclairs, bourrasques et pluie torrentielle éclatèrent. Bhize dut s'enfuir.

Les membres de sa famille virent se rapprocher le terrible et noir orage. La foudre frappait sans discontinuer et ils furent obligés de regagner leurs abris. Ils se faisaient beaucoup de souci pour Bhize. Ils pensaient qu'ils ne le verraient jamais plus, qu'il ne reviendrait jamais chez lui. Mais Bhize revint, volant avec le vent qui le ramena là où sa famille était assise, pleurant dans leur abri, jusqu'à ce que cesse la pluie.

Ils se précipitèrent dehors, sautant et dansant de joie parce que Bhize avait prié /Ause-≠wa-djuba d'envoyer la pluie. L'herbe poussa haut, les arbres portèrent des baies, le monde animal s'engraissa et il y eut suffisamment de nourriture pour que tout le monde vive.

RACONTÉ ET ILLUSTRÉ PAR KGORO/WHAA.

48

BHIZE'S QUAGGA

In the far Land of Plenty there were very happy people. Bhize had sent much rain and there was enough food and water. Their carry-bags were filled with fruit and other veldkos. By the fires at night they danced with arms raised in joy to Tsatsi, the father of all ancestors. The animal people galloped across the grass-filled plains and where there was water, the horses of the veld, the quagga, were plentiful.

Then Bhize and /Ause-≠wa-djuba started quarrelling. Bhize said, "These people are on my land. They are people who like water. Where there is water, you will always find them too. That is why I'm sending so much rain to please them."

/Ause-≠wa-djuba who wanted to take away the quagga, said, "I'm going to take away these quagga and move them to a distant place where you will never find them again." His wives heard this quarrel and decided that he was doing wrong and that he was angry. They didn't like it and took their bags saying, "Let's leave him alone with his belongings and let him sulk by himself." /Ause-≠wa-djuba saw his wives packing up and realised what was happening. They picked up their bags and started to walk away, but didn't go far.

Bhize then sent his son, ≠Wai, to collect all the quagga and to take them to a safe place. ≠Wai, the young man, was a friend of the quagga. He loved them and used to play with them, riding on their backs. When he arrived there where the quagga were grazing he said to them, "My father Bhize says I must come to take you away, to take care of you and to keep /Ause-≠wa-djuba away so that he cannot kill you."

When /Ause-≠wa-djuba saw that all his food, the quagga, had been taken away, he took his wives and children and moved away.

Now there are no quagga left in the Kgalagadi and the plains have dried up because of the quarrel between Bhize and /Ause-≠wa-djuba.

TOLD AND ILLUSTRATED BY KGORO/WHAA.

LES QUAGGAS DE BHIZE

Le peuple du lointain pays d'Abondance vivait très heureux. Bhize avait envoyé beaucoup de pluie, et la nourriture et l'eau ne manquaient pas. Leurs besaces débordaient de fruits et autre veldkos. Le soir, auprès du feu, ils dansaient, les bras levés pour fêter Tsatsi, le père de tous les ancêtres. Le monde animal courait à travers les plaines couvertes d'herbe et bien irriguées. Les zèbres du veld, les quaggas, étaient nombreux.

C'est alors que Bhize et /Ause-≠wa-djuba se querellèrent. Bhize dit: "Ces gens sont sur mes terres, ils aiment l'eau et là où il y en a, ils y sont également. C'est pourquoi j'envoie tant de pluie: pour leur faire plaisir."

/Ause-≠wa-djuba qui voulait faire partir les quaggas, intervint: "Je vais enlever ces zèbres et les mettre loin, dans un endroit où tu ne les verras plus jamais." Ses épouses eurent vent de cette bagarre et se dirent qu'il avait tort et qu'il était en colère. Elles n'aimaient pas ça et prirent leurs sacs en déclarant: "Laissons-le avec ses affaires et qu'il fassse la tête tout seul." /Ause-≠wa-djuba, en voyant ses épouses faire leurs bagages réalisa ce qui se passait. Elles prirent leurs sacs et se mirent en chemin, mais elles n'allèrent pas loin.

Bhize envoya ensuite son fils ≠Wai pour rassembler les quagga et les mettre en lieu sûr. Le jeune ≠Wai était un ami des quagga. Il aimait s'amuser avec eux et leur monter sur le dos. Quand il parvint au lieu où les quagga paissaient, il leur dit: "Mon père Bhize dit que je dois vous emmener, prendre bien soin de vous et éloigner /Ause-≠wa-djuba afin qu'il ne vous tue pas."

Lorsque /Ause-≠wa-djuba comprit que les quaggas qui représentaient toute sa nourriture avaient disparu, il prit ses épouses et ses enfants et quitta les lieux.

À présent, il n'y a plus de quaggas dans le Kgalagadi et l'herbe des plaines est sèche à cause de la querelle entre Bhize et /Ause-≠wa-djuba.

RACONTÉ ET ILLUSTRÉ PAR KGORO/WHAA.

50

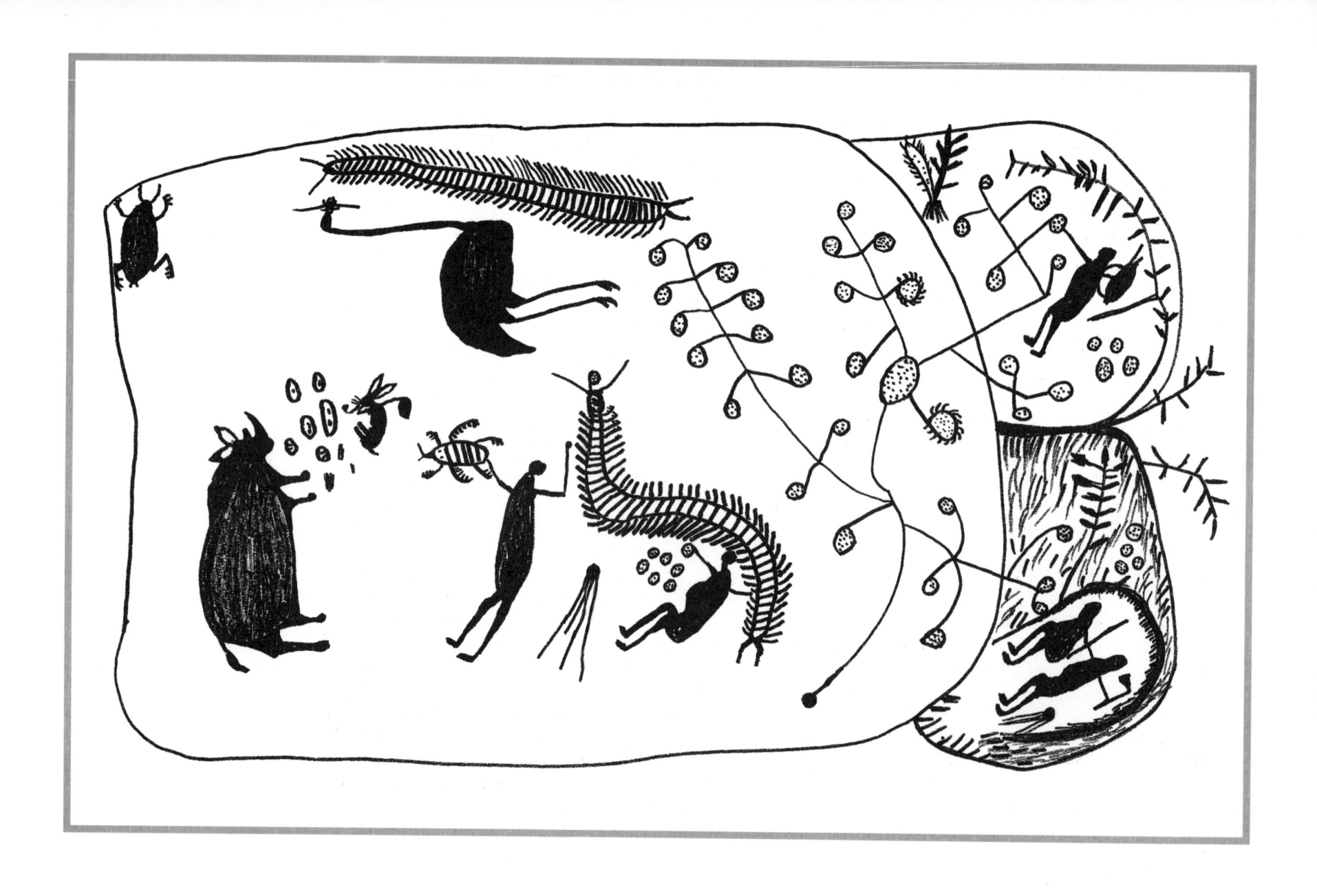

PLAINS AND FORESTS

Long, long ago in the Kgalagadi there were plains and forests. The plains were wide and open. There was only food for animal people; there was no food for the human people. The only food they could get was on the shrubs and trees in the forests. There was fruit, berries, leaves, flowers, caterpillars, honey and bulbs. But the people were afraid to live in the forests; they all lived on the plains.

One man, Rhinoceros, got ill and was becoming very weak. Hare was a clever man and always had good advice for everybody. So Rhinoceros decided to consult Hare about his poor condition.

Hare took out his magic bones, talked to them and threw them on the sand. He took a long look at them, turned to Rhinoceros and said, "The bones have talked. They say you should eat the leaves of a certain shrub that grows in the forest. That will make you strong and well again."

"But I don't know where to find this shrub. And above all, I'm afraid to go into the forest," said Rhinoceros.

"Don't be afraid," said Hare, "Bhize will send Bee to lead you. You must only follow him."

The ostriches were also people who lived on the plains. They were not afraid of the forest. They knew that there were very delicious berries growing on the shrubs. So they always went to the bush to collect berries and food.

One evening the ostriches were all sitting together, sharing the food which they had collected that day. Centipede's wife saw them while they were feasting. She was very hungry and went to her husband and said, "Go to the ostriches and ask them where they get all the food from." So Centipede went to the ostriches and asked them where they found food.

"When you are hungry and want food," said Ostrich, "you must move to the forest because there is much to eat." When Centipede got back to his wife, he found that she had already left. He followed her tracks and found her in the forest where she was already having a good meal.

So all Nature's People and the Bushmen moved to live in the forests among the bushes and trees; They found enough food as well as medicine to cure their ailments and disease but sometimes they enjoy going back to the plains where it is open.

TOLD AND ILLUSTRATED BY KGORO/WHAA.

LES PLAINES ET LES FORÊTS

Il y a longtemps, très longtemps de cela, il y avait des plaines et des forêts au Kgalagadi. Les plaines étaient immenses et ouvertes. Il n'y avait de nourriture que pour le monde animal, il n'y en avait pas pour les humains. L'unique nourriture que ces derniers pouvaient trouver était sur les arbustes et les arbres poussant dans les forêts. Il y avait là des fruits, des baies, des fleurs, des chenilles, du miel et des oignons. Mais les gens avaient peur de vivre dans les forêts, ils vivaient tous dans les plaines.

Rhinocéros tomba malade et devenait de plus en plus faible. Lièvre qui était un être sage, était toujours de bon conseil pour tout le monde. Donc Rhinocéros décida d'aller le consulter à propos de sa misérable condition.

Lièvre sortit ses osselets magiques, leur parla et les lança dans le sable. Il les regarda longuement, se tourna vers Rhinocéros et dit: "Les osselets ont parlé. Ils disent que tu dois manger les feuilles d'un certain arbrisseau qui pousse dans la forêt. Elles te rendront force et santé."

"Mais j'ignore où trouver cette sorte d'arbrisseau. Et par-dessus tout, j'ai peur d'aller dans la forêt," fit Rhinocéros.

Ce à quoi Lièvre rétorqua: "N'aie pas peur, Bhize enverra Abeille te montrer le chemin. Tu n'auras qu'à la suivre."

Les autruches vivaient également dans les plaines. Elles n'avaient pas peur de la forêt. Elles savaient que des baies poussaient sur les arbustes et allaient ainsi toujours dans les taillis chercher les fruits et trouver de quoi manger.

Un certain soir, les autruches étaient toutes ensemble assises à partager la nourriture qu'elles avaient toutes rassemblée durant la journée. La femme de Scolopendre les surprit dans leur festin. Elle avait très faim, alla trouver son mari et lui dit: "Va voir les autruches et demande-leur où donc elles ont trouvé toute cette nourriture." Et Scolopendre s'exécuta.

"Quand vous avez faim et que vous voulez de la nourriture," dit Autruche, "il vous faut vous rendre dans la forêt où il y a beaucoup à manger." De retour, Scolopendre découvrit que sa femme était déjà partie. Il suivit ses traces et la trouva dans la forêt en train de se payer déjà un bon repas.

C'est ainsi que tout le peuple de la Nature de même que les Boschimans s'en allèrent vivre dans les forêts et parmi les arbres et les arbrisseaux. Ils y trouvèrent suffisamment de nourriture ainsi que des médicaments pour soigner leurs maux et leurs maladies, mais parfois, ils sont heureux de revenir dans les plaines où ils se sentent à l'air libre.

RACONTÉ ET ILLUSTRÉ PAR KGORO/WHAA.

52

A STORY OF THE SUN

Everywhere, the whole world was dark. There was darkness all over and people could not see to collect food. Parabhize had light. He kept it in his armpit and was sleeping most of the time. Only when he woke up and stretched himself, would the people have a little light.

One day a woman, who was hungry and tired of sitting in the dark all the time, said to her son, "You must go to Parabhize while he is sleeping and get the light from under his arm." This young man was afraid of Parabhize, but he knew he had to do something about the situation.

Parabhize was lying asleep under a tree. The young man felt his way in the dark until he found the old man. He lifted his arm very slowly, but as the light became visible, Parabhize woke up. The young man got a fright. He grabbed the light and ran away with it. He could see clearly because he had the light. Then he said to himself, "I cannot keep this light to myself; I must share it with all the people and the only way that is possible is to get it up higher." At that moment, the light started to burn his hands and he threw it up high into the sky.

The people were very happy. They looked up into the sky and they could see everything around them. They sang songs of praise, took their bags and started collecting food.

Thus, up to this day, the women sing while collecting veldkos.

>   Told by Modumo at Diphuduhudu, South-Eastern Kalahari, Botswana.
>   Illustrated by Kgoro/whaa.

UNE HISTOIRE DU SOLEIL

Le monde entier était dans le noir. L'obscurité était partout et les gens ne pouvaient rien voir lorsqu'il fallait trouver de la nourriture. Parabhize, lui, disposait de la lumière. Il la cachait sous son aisselle et dormait la plupart du temps. C'est seulement lorsqu'il se réveillait et s'étirait que les gens avait un peu de lumière.

Un jour, une femme affamée et fatiguée de s'asseoir sans cesse dans le noir, dit à son fils: "Tu dois aller trouver Parabhize et te saisir de la lumière sous son aisselle pendant son sommeil." Le jeune homme craignait Parabhize, mais il savait que la situation était telle qu'il lui fallait faire quelque chose.

Parabhize dormait sous un arbre. Le jeune homme chercha son chemin dans le noir jusqu'à ce qu'il trouve le vieillard. Il lui souleva le bras très lentement, mais lorsque la lumière apparut, Parabhize se réveilla. La peur s'empara du jeune homme. Il se saisit de la lumière et s'enfuit avec. Maintenant qu'il avait la lumière, il pouvait tout distinguer. Alors, il se dit à lui-même: "Je ne peux pas garder cette lumière pour moi tout seul, je dois la partager avec tout le monde, et le seul moyen de le faire est de l'élever plus haut." À ce moment précis, la lumière commença à lui brûler les mains et il la lança haut dans le ciel.

Les gens étaient très heureux. Ils levèrent les yeux au ciel et ils purent voir tout ce qu'il y avait autour d'eux. Ils entonnèrent des chants de louange, prirent leurs sacs et commencèrent à récolter la nourriture.

Ainsi, jusqu'aujourd'hui, les femmes chantent en ramassant du veldkos.

>   Raconté par Modumo à Diphuduhudu, Kalahari du Sud-est, Botswana.
>   Illustré par Kgoro/whaa.

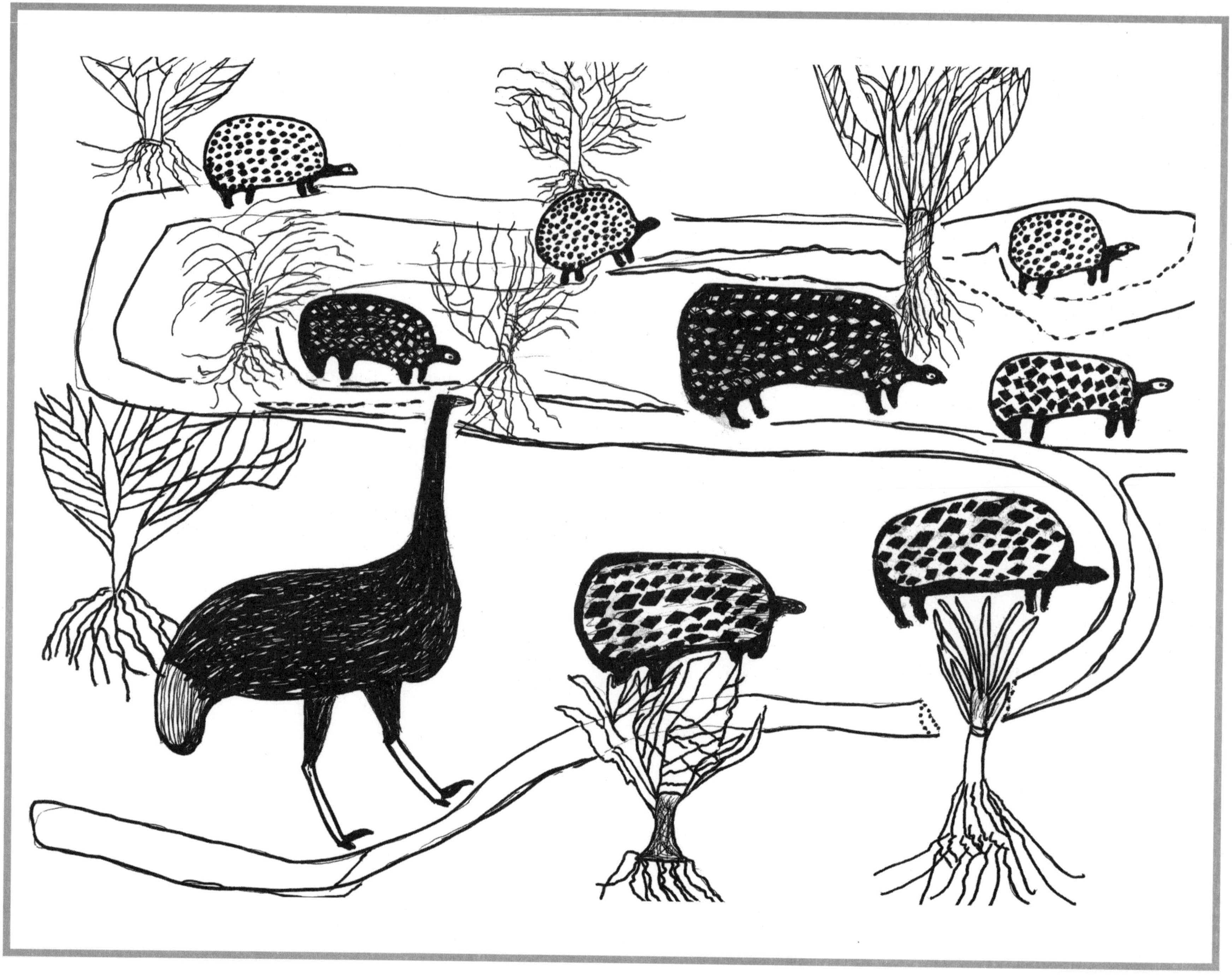

OSTRICH AND TORTOISE'S RACE

Ostrich and Tortoise were having an argument. Then Tortoise said, "I heard you. You are always boasting about your speed. I'll take you on for a race."

"Alright, I'm ready. We may start. I feel I can run fast today," replied Ostrich.

But Tortoise was a clever man. He had organised with all his friends to hide under the shrubbery along the way where they were to pass when running the race. Because they all looked so much alike, Ostrich wouldn't notice the difference. He would think that they were all the same one: Tortoise.

So they set off, Ostrich and Tortoise. As Ostrich was approaching him, the second tortoise shouted, "I'm still well ahead of you! You are running so slowly". And Ostrich would stretch himself to run faster.

As Ostrich approached the third tortoise, this tortoise shouted, "I'm ahead of you again!" And Ostrich would try to run even faster. When Ostrich came up to the fourth tortoise, this one also shouted, "I've passed you again! Come on, try harder!" Ostrich would try even harder.

Thus each tortoise jeered at ostrich until he was utterly exhausted. When he got to the last tortoise, Tortoise shouted, "I've won! I beat you and I'm not even tired yet!"

Ostrich had enough of this. He felt so defeated that he threw himself to the ground from pure exhaustion and frustration.

Ostrich had run himself out of his marrow, because since that race no ostrich has marrow in the long upper bones of its legs.

TOLD BY N!AU/HE A !KUNG OF THE TSUMKWE AREA, NAMIBIA.
ILLUSTRATED BY //WAA-KÁ.

LA COURSE ENTRE AUTRUCHE ET TORTUE

Autruche et Tortue se querellaient. Tortue dit: "Je t'entends toujours vanter ta vitesse. J'aimerais faire la course avec toi." "Très bien," répliqua Autruche, "Je suis prête. Commençons. Aujourd'hui je sens que je vais aller vite."

Mais Tortue était un être malin. Elle s'était arrangée avec toutes ses amies pour se cacher dans les taillis tout le long du parcours convenu. Etant donné qu'elles se ressemblent tellement, Autruche sera incapable de faire la différence. Elle pensera qu'elles sont toutes la même: Tortue l'unique.

Ainsi Autruche et Tortue démarrèrent. Comme Autruche approchait de la deuxième tortue, celle-ci s'écria: "Je suis toujours devant. Tu cours si lentement …" et Autruche se tendit pour aller plus vite.

Lorsqu'elle arriva près de la troisième tortue, celle-ci cria: "Je suis toujours devant!" Et Autruche essaya de courir encore plus vite. En atteignant la quatrième tortue, Autruche entendit s'exclamer celle-ci: "Je t'ai encore dépassée! Allons, essaie encore plus fort!" Et Autruche s'appliqua à faire encore mieux.

Ainsi, chaque tortue railla Autruche au point qu'elle s'épuisa complètement. Lorsqu'elle arriva derrière la dernière tortue, celle-ci exulta: "J'ai gagné! Je t'ai battue et je ne suis même pas encore fatiguée!"

Autruche en eut assez de tout cela. Elle se sentit si défaite qu'elle se laissa tomber à terre de pur épuisement et de frustration. Elle avait brûlé toute sa moelle, et c'est la raison pour laquelle, depuis cette course, aucune autruche n'a de moelle dans les os supérieurs de ses pattes.

RACONTÉ PAR N!AU/HE, UN BOSCHIMAN !KUNG DE LA RÉGION DE TCHUMKWE, NAMIBIE.
ILLUSTRÉ PAR //WAA-KÁ.

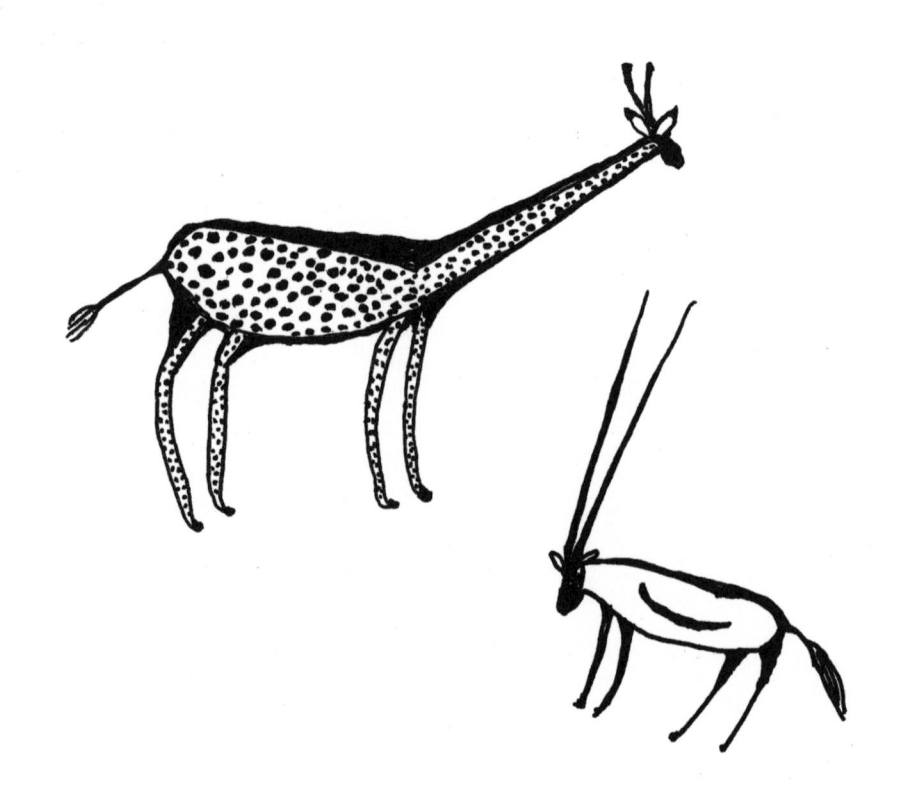

SONG OF THE WORLD

LE CHANT DU MONDE

SONG OF THE WORLD

Each painting by Coral Fourie is at the same time a vision and a universe. Here, animal, vegetable and mineral combine to engender a living panorama. Nothing is static. Everything is in perpetual motion, expression rather than illustration. A mosaic breathing out *nascent oxygen*. Hence the particular forms taken on here by birds, fish, zebras and insects, but also trees, shrubs and bushes – all seemingly bathed in a secret light born of rock and limestone, yet in which no element loses its own nature. This festively beautiful profusion has a name: **life**. The life of Coral Fourie the artist, the privileged witness of beings and things; of Coral Fourie the painter, the initiate, creator of lines and forms, of colours and shadows; and finally of Coral Fourie the African, she who deeply, intimately, shares the identity of a continent heavy with the genesis of the world. When she changes her manner to commune in her own way with rock art and, by association, with the art of the San, she retraces the course of creation to its simplest forms. But also to its most expressive. Somewhere, her work touches orality. The word: a return to that Africa still alive with tales of our origins, where man was at home with magic free of artifice, less harmful than today. For all that, Coral's is not the art of nostalgia. In a word, it is akin to what Jean Giono calls *The Song of the World*.

ÉDOUARD J. MAUNICK
Pretoria, 20 March 2000

LE CHANT DU MONDE

Chaque tableau de Coral Fourie est à la fois un regard et un univers. Ici, l'animal, le végétal et le minéral se conjuguent pour engendrer un panorama vivant. Rien n'est figé.

Tout est en perpétuel mouvement, moins pour illustrer que pour exprimer. Une mosaïque qui respire un *oxygène naissant*. De là la forme particulière que prennent les oiseaux, les poissons, les zèbres et les insectes, mais aussi l'arbre, l'arbuste et le buisson. Et l'ensemble paraît secrètement baigner dans une clarté née de la roche et du calcaire, sans qu'aucun élément ne perde sa propre condition. Ce foisonnement beau comme une fête a un nom: *la vie.* Celle de Coral Fourie l'artiste, c'est-à-dire le térmoin privilégié des êtres et des choses, de Coral Fourie le peintre, c'est-à-dire l'initiée créatrice de lignes et de formes, de couleurs et d'ombres, et finalement de Coral Fourie l'Africaine, c'est-à-dire la même qui partage de manière intime et profonde l'identité d'un continent porteur de la genèse du monde. Lorsqu'elle change de manière de peindre pour rejoindre, à sa mesure, la peinture rupestre, et par association, l'art San des Boschimans, elle remonte le cours de la création dans ce qu'elle a de plus dépouillé. Mais de plus expressif aussi. Quelque part, l'oeuvre rejoint l'oralité. Le verbe: retour à l'Afrique conteuse des origines où l'homme fréquentait un merveilleux sans artifices, moins nocif qu'à ce jour. Pour autant, l'art de Coral n'est point nostalgique. Au fait, il rejoint ce que Jean Giono qualifie de *Chant du Monde* …

ÉDOUARD J. MAUNICK
Pretoria, mars 20 2000

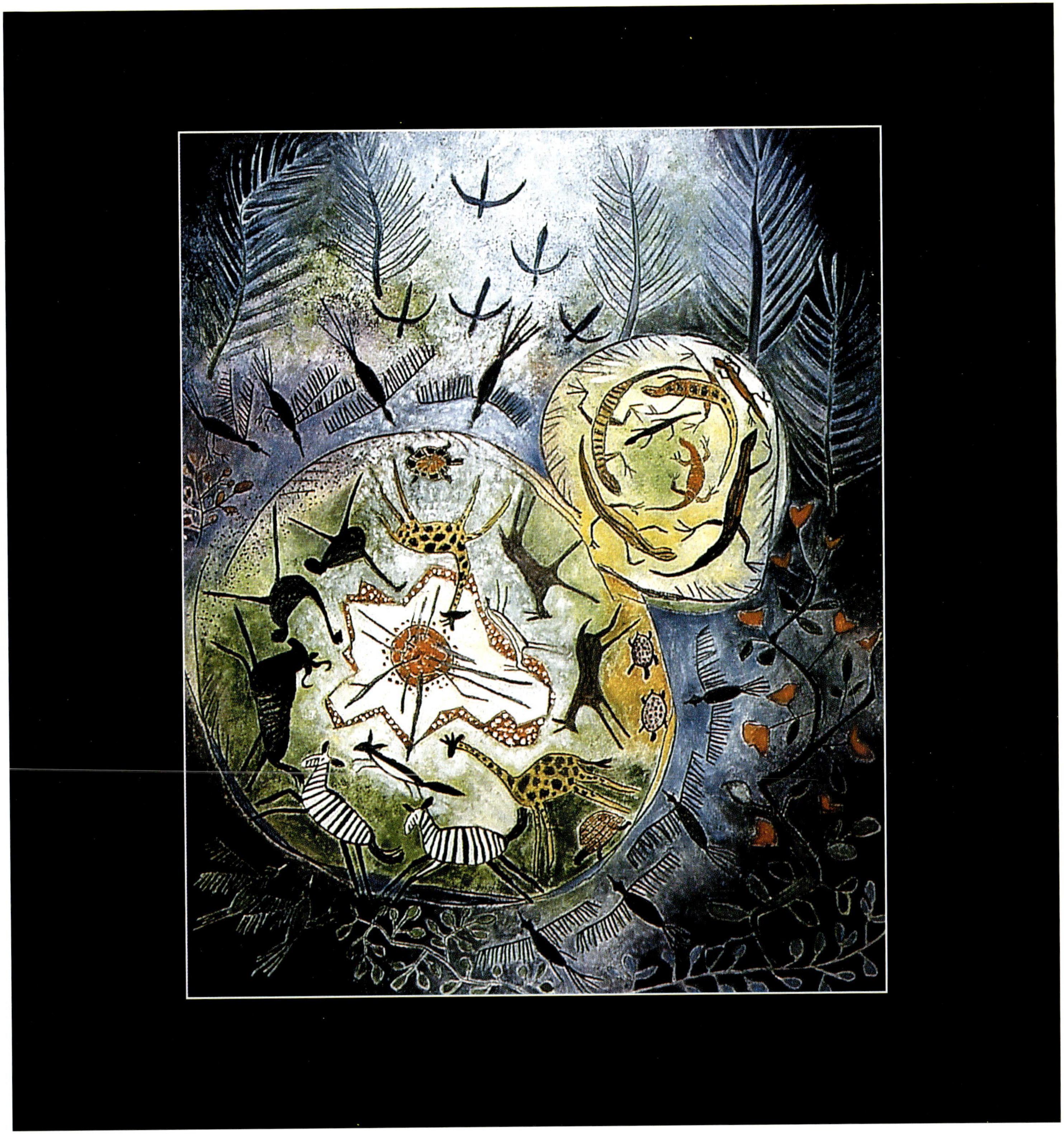

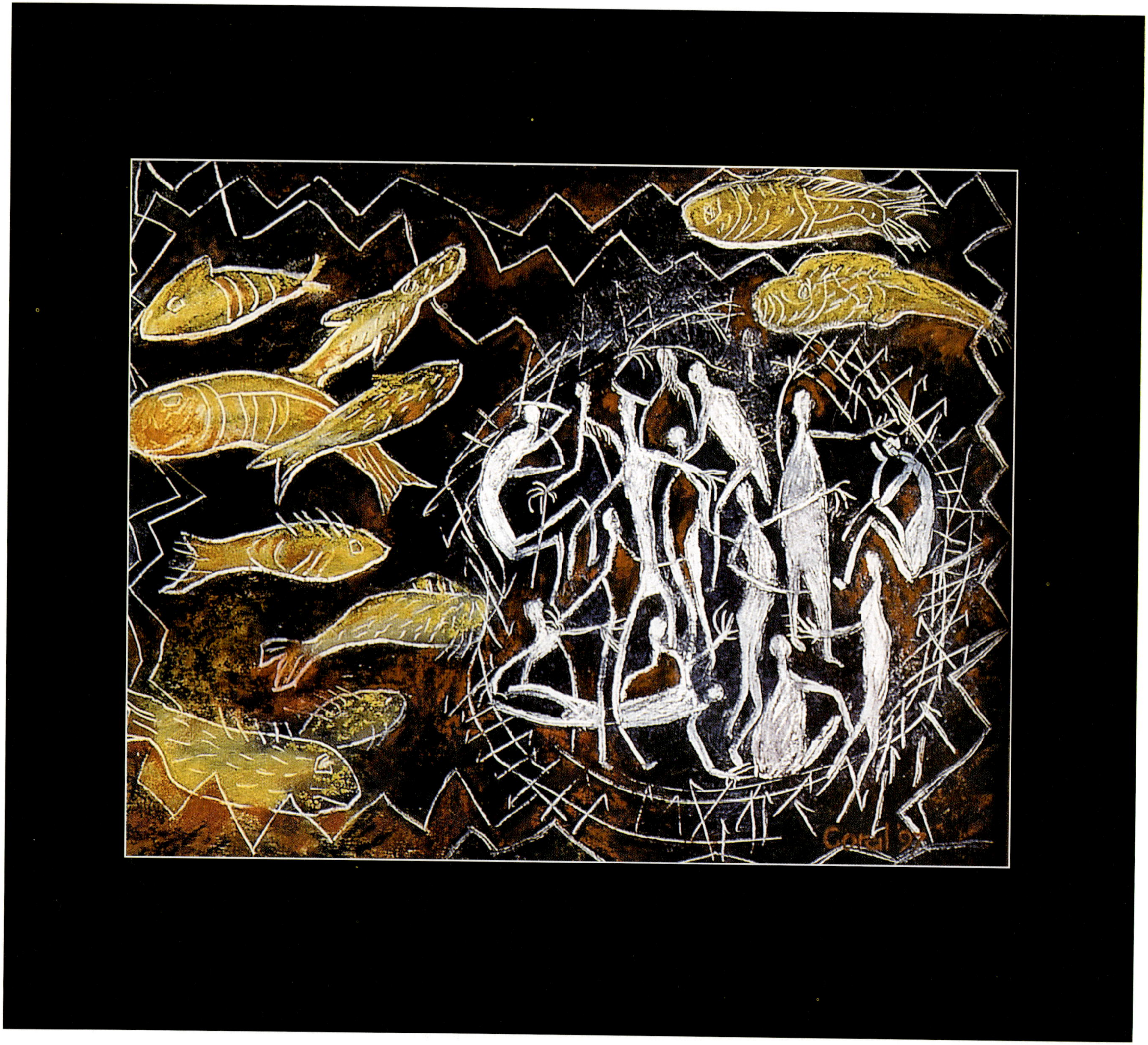

61

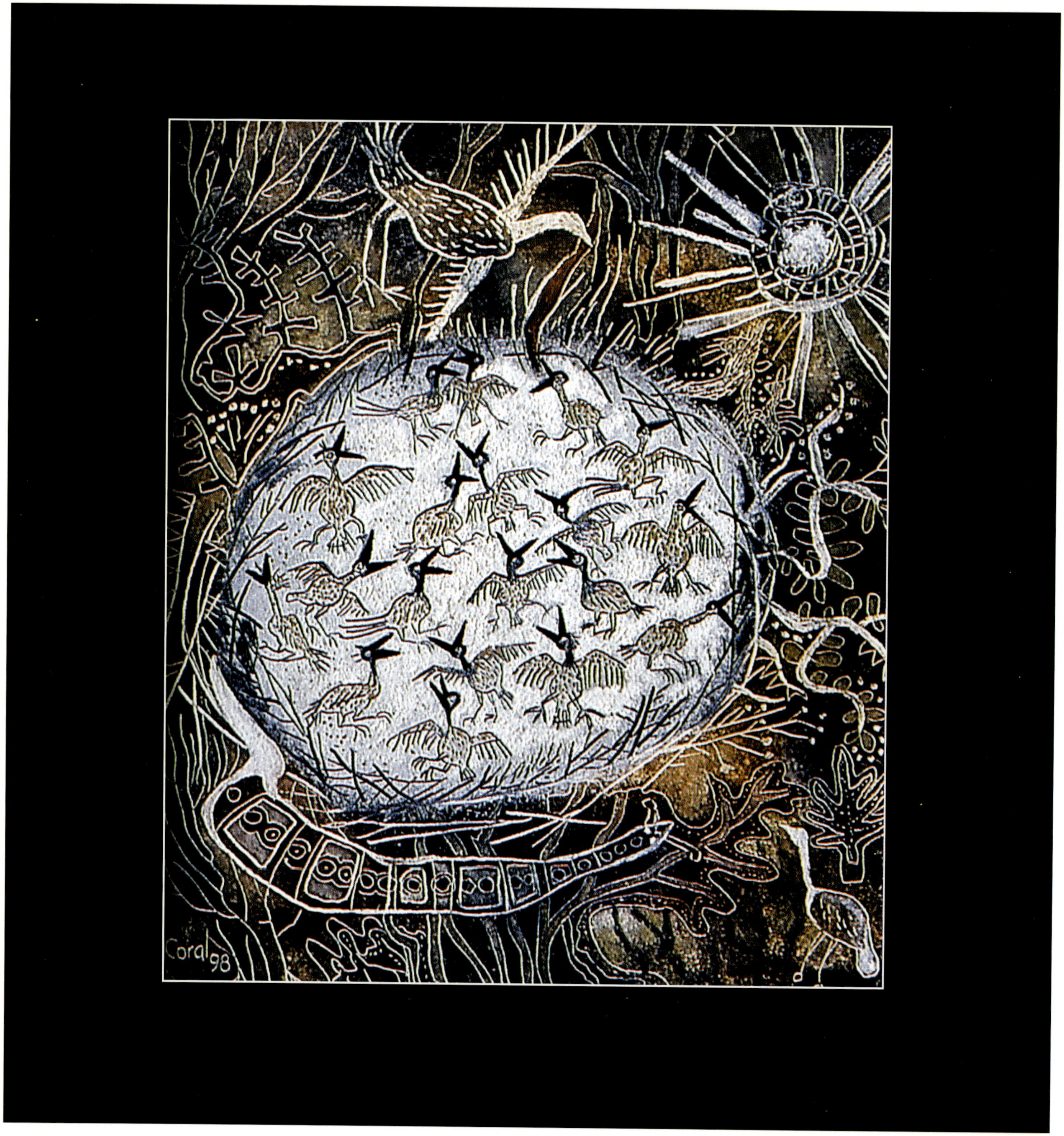
Coral 98

63

64

Coral Fourie (née Knobel), born in Mafikeng, grew up at Molepolole in Botswana, where she had an adventurous childhood together with her pioneering parents. She studied at Potchefstroom and Pretoria and spent many years teaching, excelling as a teacher of art. She has held art exhibitions in the main centres of the RSA and Botswana.

Amongst other languages, she speaks Setswana fluently. It is, however, her love for the San that has always taken her back to Botswana, to the people with whom she grew up. Coral regards herself as a native from Africa, nourished by the soil and air of this sun-drenched continent.

She has written several articles in magazines about the San, their (present) art and has published a children's book of San stories as well as an adult book of stories *Living legends of a dying culture*. With this book Coral Fourie offers her readers one of the last opportunities to appreciate the wisdom and humour of the modest Bushmen. Few others could win their confidence like her, who grew up amongst them, cultivated their friendship and given the honoured name, *N/audé*, which means "the one who helps".

The Bushmen are the only custodians of a priceless treasure: a culture, with its roots directly in the hunter-gatherer ancestry of all mankind. While these little people manage to survive physically their unique culture is rapidly disappearing. The writings, the personal art creations of Coral Fourie and the brotherhood she shares with the Bushmen aim at keeping the flame of a threatened people alive. For the San culture forms an intrinsic part of the treasures of humanity. Coral Fourie watches over it with much sense and sensibility.

Coral Fourie and Gabaïne, Khutse, Botswana

Kgoro/whaa busy with a drawing, Khutse, Botswana

Coral Fourie (née Knobel) est née à Mafikeng et élevée à Molepolole au Botswana où, enfant, elle partagea la vie aventureuse de ses parents. Après des études à Potchefstroom puis à Pretoria, elle fut, plusieurs années durant, un excellent professeur d'art. Ses oeuvres ont été exposées dans les principaux centres de la République Sud-africaine et du Botswana.

Elle connaît plusieurs langues, notamment le setswana, qu'elle parle couramment. Mais c'est davantage sa passion pour le San qui fait qu'elle retourne toujours au Botswana, parmi le peuple où elle a grandi. Coral se considère comme une Africaine à part entière, nourrie du sol et de l'air d'un continent recuit de soleil. Elle a écrit de nombreux articles dans des magazines sur les San et leur art (actuel).

Elle a également publié un livre d'histoires san pour enfants et un autre pour adultes, ce dernier intitulé *Légendes vivantes d'une culture qui se meurt*, où elle offre à ses lecteurs l'ultime occasion d'apprécier la sagesse et l'humour des modestes Boschimans qui, en retour, lui ont fait l'honneur de l'appeler *N/audé* (celle qui aide).

Les Boschimans sont les uniques gardiens d'un trésor sans prix: une culture profondément enracinée dans la lignée des chasseurs-cueilleurs, ancêtres de toute l'humanité. Alors que ce petit peuple lutte pour survivre physiquement, sa culture irremplaçable est en voie de disparition rapide.

Les écrits, l'oeuvre artistique personnelle de Coral Fourie et le sentiment fraternel qu'elle partage avec les Boschimans visent à empêcher que ne s'éteigne le feu sacré d'un peuple. Car la culture san est assurément une part intrinsèque des trésors de l'humanité. Coral Fourie en est une avocate pleine de sens et de sensibilité.

Édouard J. Maunick was born in Mauritius on 23 September 1931. He was Regents Professor at the University of California (Los Angeles 1970, Irvine 1979), Member and Professor Honoris Causa at the St Lukas Royal Academy in Antwerp in 1999. Poet, writer, critic and translator, he received many literary awards. He left Mauritius for Paris, France, in 1960 where he worked for the French Radio and Television as author and producer. He joined UNESCO in the Sector of Culture in 1982 and was Director of Cultural Exchange and of the UNESCO Collection of Representative Works until his retirement in 1992. Maunick returned to journalism and was subsequently appointed High Commissioner of Mauritius to the Republic of South Africa, the first ambassador of his country to be named to President Nelson Mandela. Now retired, he lives with his family in Pretoria. He has published more than 25 books and received, among other poetry awards, the Apollinaire Prize, equivalent to the Goncourt. He has travelled far and wide on the five continents and in the islands, lecturing and reading in the United States, all over Europe and in Latin America. His works have been translated into more than 10 languages and are being studied in African, French, American and Indian Ocean universities. Maunick is a member of the Académie Mallarmé, of the Haut Conseil de la Francophonie, of the PEN International. He received both the International Prize of Cultura della Pace (twice) and the Médaille de Vermeil de l'Académie Française. He is Officer of the Order of the Lion of Senegal and Chevalier de la Légion d'Honneur.

© Tristan Bréville

Édouard J. Maunick est né le 23 septembre 1931 à l'Île Maurice. Regents Professor à l'Université de Californie (Los Angeles, 1970, et Irvine, 1979), Membre et Professeur *honoris causa* de l'Académie Royale St. Lukas, Anvers (1999). Poète, écrivain critique et traducteur, il obtient plusieurs prix littéraires et part pour Paris en 1960 où il travaille à la Radio puis à la Télévision comme auteur et producteur. En 1982, il entre à l'UNESCO au Secteur de la Culture. Directeur des Échanges culturels et de la Collection UNESCO d'Oeuvres Représentatives jusqu'à sa retraite en 1992. Il reprend le journalisme pour être ensuite nommé premier Ambassadeur de la République de Maurice auprès du Président Mandela en Afrique de Sud. Retiré des affaires, il vit actuellement à Pretoria. Auteur de plus de 25 livres de poésie, il a obtenu entre autres le Prix Apollinaire, équivalent du Prix Goncourt en poésie. Il a largement voyagé sur le cinq Continents et dans les Îles, donné des conférences et des lectures aux États-Unis, en Europe et Amérique latine. Traduite en plus de dix langues, son oeuvre a fait le sujet de plusieurs thèses, études et essais en France, aux États-Unis et dans l'océan Indien. Membre de l'Académie Mallarmé, du Haut Conseil de la Francophonie, du PEN Club International notamment, il est Lauréat du Prix International de Cultura della Pace (deux fois), Médaille de Vermeil de l'Académie Française, Officier de l'Ordre du Lion du Sénégal et Chevalier de la Légion d'Honneur.

ALLIANCES FRANÇAISES D'AFRIQUE AUSTRALE
Afrique du Sud, Lesotho, Swaziland, Botswana,
Zimbabwe, Mozambique & Namibie

PRETORIA
Directeur (par intérim): Professor Norman STRIKE
Président: Mr. Pieter COETZEE
Adresse physique:
    99 River Street
    0002 Sunnyside, Pretoria
Adresse postale:
    P.O. Box 29051
    Sunnyside
    0132 Pretoria
Tél: (27) (0)12–343 6563 & 343 0263
Fax: (27) (0)12–344 4293
E.mail: afpta@iweb.co.za

JOHANNESBURG
Délégation Générale en Afrique du Sud
Directeur: M. Pierre BURLAUD
Présidente: Mrs. Thandi BENGU-TOWO
Adresse physique:
    17 Lower Park Drive, Corner Kerry Road,
    Parkview, Johannesburg
Adresse postale:
    P.O. Box 72067
    2122 Parkview
    2000 Johannesburg
Tél: (27) (0)11–646 1169
Fax: (27) (0)11–646 4521
E.mail: afjhb@alliancefrancaise.co.za
Site: http://www.alliancefrancaise.co.za

LE CAP (CAPE TOWN)
Directrice: Mme. Marie-Claude MESSAGER
Président: Mr. Donald GOODSON
Adresse physique:
    155 Loop Street
    8001 Cape Town
Adresse postale:
    P.O. Box 16527
    8018 Vlaeberg
Tél: (27) (0)21–423 5699
Fax: (27) (0)21–423 5704
E.mail: mariec@afducap.co.za

SOWETO
Directeur: M. Eric DAMIEN
Président: Mr. RHODE
Adresse physique:
   Ext. 3
   1864 Diepkloof
   Soweto
Adresse postale:
   735 Diepkloof
   Soweto
Tél: (27) (0)11–985 6815
Fax: (27) (0)11–985 1698
E.mail: afsoweto@global.co.za
       ericda@hotmail.com

MITCHELL'S PLAIN
Directeur: M. Fabrice MONGIAT
Président: Mr. Malcolm CAMPBELL
Adresse physique:
   Wall Street
   Portland
   Mitchell's Plain
Adresse postale:
   P.O. Box 338
   Town Centre
   7785 Mitchell's Plain
Tél: (27) (0)21–322 931
Fax: (27) (0)21–329 230
E.mail: admin@alliancefrancaise.org.za
      wren@alliancefrancaise.org.za
      fabrice@alliancefrancaise.org.za
Site: http://www.alliancefrancaise.org.za

DURBAN
Directeur: M. Jean-Philippe ROY
Présidente: Ms. Francesca BALLADON
Adresse physique:
   22 Sutton Crescent
   Morningside
   4001 Durban
Tél: (27) (0)31–312 9582 & 238 461
Fax: (27) (0)31–232 864
E.mail: afdbn@global.co.za
Site: http://home.global.co.za/~afdbn/

PORT ELIZABETH
Directeur: M. Max DURAND
Président: Mr. Gerald HENDERSON
E.mail: gerald@cyberhost.co.za
Adresse physique:
   17 Mackay Stret
   Centrahil
Adresse postale:
   P.O. Box 12981
   Centrahil
   6006 Port Elizabeth
Tél: (27) (0)41–585 7889
Fax: (27) (0)41–563 800
E.mail: afpe@epweb.co.za

BOSMONT
Présidente: Mrs. Winifred MONTGOMERY
Adresse physique:
18 Soutpansberg Avenue
Bosmont
Adresse postale:
P.O. Box 1814
1716 Florida Hills
Tél: (27) (0)11–474 3800
Fax: (27) (0)11–411 5282

STELLENBOSCH
Présidente: Mrs. Amale MOCKE
Adresse physique:
   University of Stellenbosch
   BJ Vorster
   5th Floor Merriman
Adresse postale:
   17 Molenvliet
   P.O. Box 404
   7600 Stellenbosch
Tél: (27) (0)21–886 5777
Tél. Mrs. Mocke: (27) (0)21–851 7730

BLOEMFONTEIN
Présidente: Ms. Theresa BENDER
Tél: (27) (0)51–522 2155
Fax (w): (27) (0)51–522 5957
Vice-Président: Mrs. Sharon McGILL
Adresse physique:
    West end Flats, First Avenue
    Westdene
Adresse postale:
    P.O. Box 29020
    Danhof
    9310 Bloemfontein
    Free State
Adresse postale privée:
    P.O. Box 32216
    9317 Fichardt Park
Tél/fax: (27) (0)51–447 5928
E.mail: Strom@mweb.co.za

GRAHAMSTOWN
Présidente: Mme. Pascale COLLIER
Adresse postale:
    Diocesan School for girls
    P.O. Box 194
    6140 Grahamstown
Tél: (27) (0)46–622 7203
Fax: (27) (0)46–636 2363
E.mail: scolp@dsg.ecape.school.za

SOMERSET-WEST
Président: M. Luc CHEVALIER
Directrice d'Études: Mme. Chantal HEIL
Adresse physique:
    108 Sam Federated
    7130 Somerset-West
Adresse postale:
    P.O. Box 2117
    7129 Somerset-West
Tél: (27) (0)21–852 2212
Fax: (27) (0)21–851 3516
E.mail: Luc@iafrica.com

KLERKSDORP
Président: Dr. Claude BENJAMIN
Adresse physique:
    12 Hancock Street
    Vilkoppies
Adresse postale:
    P.O. Box 10755
    2570 Klerksdorp
Tél: (27) (0)18–465 3305(w)
    (27) (0)18–468 2862(h)
Fax: (27) (0)18–468 1418/465 3305
E.mail: benjamin@gds.co.za

PIETERMARITZBURG
Président: Mrs. Sheila DAVIES
Adresse physique:
    French Department
    University of Natal
    Pietermaritzburg
Adresse postale:
    P.O. Box 1196
    3200 Pietermaritzburg
Tél: (27) (0)331–655 57
Fax: (27) (0)331–260 5876

WELKOM
Président: Mme. Marie-France SMIT
Adresse physique:
    Saint Dominic High School
    Jan Hofmeyr
    Jim Fouché Park
    Welkom
Adresse postale:
    P.O. Box 20165
    9467 Tweedemyn
Tél: (27) (0)57–352 1382/357 1868
Fax: (27) (0)57–3964183
Cell: 083 444 5500
E.mail: frenchy@netactive.co.za
E.mail: afwelkom@netactive.co.za

VAAL TRIANGLE
Président: Ms Marcella JONES
Adresse physique:
    Ekspa Centre, 2nd Floor
    Corner Attie Fourie & General Malan Street
Adresse postale:
    P.O. Box 1477
    1930 Vereeniging
Tél & Fax: (27) (0)16–933 4076
E.mail: marcyj@global.co.za

POTCHEFSTROOM
Présidente: Mev. P. Heinie VENTER
Vice-Président: Mr. Olivier WITTEZAELE
Adresse physique:
University of Potchefstroom
Adresse postale:
University of Potchefstroom
Private Bag X 6001
2531 Potchefstroom
Tél. (W:Mme Venter): (27) (0)18–299 2301
Tél. (H: M. Venter): (27) (0)18–397 6961
E.mail: DNWPH@puknet.ac.za

LOWVELD
Présidente: Mme. De La Kethulle DE RYHOVE
Adresse postale:
    P.O. Box 4264
    1200 Nelspruit
Tél & fax: (27) (0)13–751 3040
Cell: 082 965 3248

EAST LONDON
Président: Mr. NEL
Tél: (27) (0)431–224 887
Adresse postale:
    P.O. Box 1042
    5200 East London
Tél (sécretaire): (27) (0)431–432 897
Fax (président): (27) (0)431–225 308
E.mail: clarhigh@iafrica.com

LESOTHO
Alliance Française de Maseru
Directeur: M. André MAXIMIN
Adresse physique:
    Corner Pioner Road and Kingsway
    Maseru
Adresse postale:
    Private Bag A 106
    100 Maseru
Tél: (266) 325 722
Fax: (266) 310 475

SWAZILAND
Alliance Française de Mbabane
Directrice: Mme. Sabine PRÉAT
Adresse postale:
    P.O. Box A266
    Swazi Plaza
    Mbabane
Tél: (268) 404 3667
Fax: (268) 404 8340
E.mail: afs@realnet.co.sz

ZIMBABWE
Alliance Française de Harare
Directeur: M. Christian SAUTTREAU
Tél: (263) 4/720 777
Fax: (263) 4/738 497

BOTSWANA
Alliance Française de Gaborone
Directeur: M. Roger BRUNET
Tél: (267) 351 650
Fax: (267) 584 433
E.mail: all.française@info.bw

MOZAMBIQUE
Centre Culturel Franco-mozambicain
M. Joseph BATTISTINI
Tél: (258) 1 420 786
Fax: (258) 1 420 777

NAMIBIE
Centre Culturel Franco-namibien
M. Bernard PRUNIÈRES
Tél: (264) 61 672/3/4
Fax: (264) 61 224 927